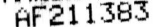

Bananenrepublik Deutschland

2010 - Das schwarz-gelbe Harakiri

Von Carlo Otto Gantert

Eine Streitschrift. Subjektiv. Gnadenlos.

Carlo Otto Gantert
Bananenrepublik Deutschland
Taschenbuchausgabe Berlin / Norderstedt Januar 2010
Verlag: Books on Demand GmbH - ISBN 978-3-8391-9237-5
Autorenfoto: sat1 - Umschlagsgestaltung: BOD
Printed in Germany
Copyright by Carlo Otto Gantert – gantert@gantert.net

Zu diesem Buch

Au weija, da sagt einer schonungslos die Wahrheit. Wir leben in einer Bananenrepublik südamerikanischer Prägung. Das Volk lässt sich alles gefallen, Politiker taugen nichts, Wahlen werden zur Farce – und der kleine Mann zahlt alles brav, ohne aufzumucken. Wir haben eine antidemokratisch – fatalistische Grundhaltung in Politik, Wirtschaft, Verwaltung und Gesellschaft auf allen Ebenen. Der Staat als Selbstbedienungsladen für Parteien, für Reiche, für Unternehmer, für Amigos. Wenige gehen „einkaufen" und die Mehrheit wird zur Kasse gebeten. Verständlich, klar, prägnant und scharf schildert hier Carlo Otto Gantert, der Experte für Kommunikation und Publizistik, Politikberater, Inhaber der ältesten Denkfabrik Deutschlands, die Missstände in unserem Staat. Schonungslos beleuchtet er die maßgebenden (aber nicht maßgeblichen) Politiker der neuen schwarz-gelben Regierung. Was uns Heere von Journalisten in den nächsten vier Jahren tröpfchenweise sagen werden – und die Regierung eh' verschweigt – Gantert sagt es uns schon heute. Ein unterhaltsames, informatives, aufscheuchendes Buch. Es gehört in jedes Abgeordnetenbüro, in jede Behörde, in jeden Haushalt und in jede Schulklasse.

Dr. phil. Walter Haberling
Dozent der Sozialwissenschaften Wiesbaden

Inhaltsverzeichnis

Vorwort

In einer Bananenrepublik ist alles undemokratisch. Die Bürger haben nur minimale Rechte, sie werden unterdrückt und eingeschüchtert. Dementsprechend sehen, hören und sagen sie nichts, womit sie sich in Schwierigkeiten bringen könnten. Sie ducken sich einfach weg. Und damit sind wir bei den Deutschen.

Die Deutschen sind schon ein merkwürdiges Volk. Sie lassen sich von ihren Politikern verhöhnen, erniedrigen, entmündigen, betrügen und belügen. Sie lassen sich alles bieten, ohne auszurasten. Sie wehren sich nicht. Und fühlen sich wohl im Land der leeren Versprechen. Bei der Bundestagswahl 2009 haben sie sich für ein schwarz-gelbes Harakiri entschieden, für Marktradikalismus, Finanzakrobatik, Sozialabbau. Dafür wird ihnen 2010 eine gepfefferte Rechnung präsentiert.

Die Deutschen lassen sich von ihrem jeweiligen Finanzminister widerstandslos ausplündern, beklagen sich aber darüber, nicht genug „netto vom brutto" zu haben. Sie lassen sich untertänig als dummes, unmündiges Steuervieh halten. Gleichzeitig nehmen sie ungerührt hin, dass die Behörden jedes Jahr rund 30 Milliarden Euro für Luftnummern sinnlos zum Fenster hinaus werfen und sie fordern nicht ein, dass die verantwortlichen Politiker für diese Steuerverschwendung persönlich in Haftung genommen werden.

Die Deutschen regen sich nicht darüber auf, dass sich die Banker am Kapitalmarkt wie die Schweine am Trog benehmen und reklamieren auch nicht, dass kein einziger dieser Banker wegen Veruntreuung angeklagt, geschweige denn verurteilt wird. Sie finden es ganz toll, dass ihr Finanzminister Nachbarländer wie die Schweiz, Luxemburg oder Liechtenstein arrogant und großschnäuzig als Steueroasen beschimpft, gleichzeitig aber die Steueroasen in den USA, Großbritannien und China ebenso feige und kleinlaut unterschlägt wie die Tatsache, dass manche Konzerne auch Deutschland als Steuerparadies nutzen.

Die Deutschen kaufen auch in der schlimmsten Finanzkrise ein wie die Wilden, sie konsumieren ungezügelt und feiern hemmungslos. Viele von ihnen fliegen mehrfach im Jahr in ferne Länder in Urlaub. Dabei lassen sie sich widerstandslos wie Vieh in die Billigflieger treiben. Sie pumpen sich mit selbst gewählten, frei verkäuflichen, nutzlosen Medikamente voll, von denen laut Stiftung Warentest nur jedes dritte Medikament tatsächlich etwas bewirkt. Sie folgen in diesen Zeiten außerdem brav dem Ratschlag des Präsidenten des Wirtschaftsinstitutes IWH, Prof. Ulrich Blum, die Wirtschaftskrise zum Kinderkriegen zu nutzen.

Die Deutschen geben jedes Jahr sage und schreibe fünf Milliarden Euro für ihre rund fünf Millionen Hunde aus. Das entspricht dem

Staatshaushalt eines kleinen Landes. Diese Summe fließt nach Angaben des Verbandes für das Deutsche Hundewesen in Anschaffung, Nahrung, Steuern und Tierarztkosten sowie Zubehör wie Hundespielzeug, Hundebekleidung, Leckerlies, Spezialgeschirr und sonstigen Unfug. Hinzu kommt immer mehr wahnsinniger Luxus. Europaweit ist Deutschland führend bei diesem durch nichts mehr zu überbietenden Wahnsinn.

Die Deutschen verehren ihre Kanzlerin, die im Grunde genommen nichts anderes ist als eine Lügnerin, eine Geisterfahrerin und eine Phlegmatikerin, die politisch immer zu langsam, zu spät und zu unentschlossen handelt. Sie mögen eine Kanzlerin, die es schon aus Prinzip vermeidet, sich politisch festzulegen. Zur Bundestagswahl 2009 hat sie arglistig verschwiegen, was jetzt - nach der Wahl - auf die Deutschen zukommt: gigantische Schulden, viel mehr Arbeitslose und ein 18-Milliarden-Defizit der Bundesagentur für Arbeit im Jahr 2010, dramatischer Absturz der Exporte, höhere Steuern und Sozialabgaben, Lockerung des Kündigungsschutzes, Marktradikalismus. Sie sagte nicht, wer die Zeche nach der Wahl zahlen muss. Sie sagte nicht, dass die Krise die Löhne fressen wird. Angela Merkel - eine Rosstäuscherin.

Die Deutschen bewegt es nicht, dass deutsche Polizeibeamte bei gewalttätigen Demonstrationen von den zuständigen Politikern zum Stillhalten verdonnert und so dem randalierenden Mob zum Steinigen freigegeben werden.

Die Deutschen beklagen sich auch nicht darüber, dass ihre Politiker in unverschämter Weise überversorgt und überprivilegiert sind, dass sie das Parlament immer wieder und wie selbstverständlich als Selbstbedienungsladen missbrauchen und sich selbst eine Gratis-Luxus-Altersversorgung zuerkennen. Sie nehmen hin, dass sich EU-Parlamentarier aus Steuermitteln eine stattliche Zweitpension genehmigen und dass die gleichen EU-Parlamentarier Fördergelder für Golfclubs absegnen.

Es ist den Deutschen schnurzpiepegal, wenn ein Abgeordneter nach 33 Monaten im Bundestag, in denen er überwiegend mit Abwesenheit glänzte, 631 Euro Pension kassiert, während viele Arbeiter und Angestellte 33 Jahre arbeiten müssen, um eine Rente in dieser Höhe zu erhalten. Sie empören sich nicht, wenn die afrikanische Köchin in einem Spezialitätenrestaurant in Berlin-Mitte wie eine Sklavin gehalten wird und für 18 Monate Arbeit nur 500 Euro Lohn erhält.

Die Deutschen akzeptieren ohne Widerspruch, dass sich in ihrem Land die Exekutive willkürlich über Entscheidungen der Judikative hinwegsetzt – wie in einer Bananenrepublik. In diese Kategorie gehört der Versuch von Merkel und Westerwelle, Steuersenkungen mit verfassungswidrigen Schattenhaushalten zu finanzieren, um dem Vorwurf des Wahlbetruges zu entgehen.

Die Deutschen lassen sich ungerührt und bereitwillig von einer gemeingefährlichen Organisation namens SCHUFA drangsalieren, zumal fast die Hälfte der SCHUFA-Einträge falsch sind. Kreditverweigerung und Rufschädigung der Bürger sind die Folge. Die Willkür dieser Wirtschaftsauskunftei und rund 100 anderer „Auskunfteien" ist unerträglich aber die Deutschen nehmen die höchst unseriösen, niederträchtigen Strukturen widerspruchslos hin.

Die Deutschen nehmen auch ohne Aufschrei hin, wenn Politiker wie Thilo Sarrazin (SPD) oder Philipp Mißfelder (CDU) Rentner und sozial Schwache nach Gutsherrenart gering schätzen, ja sie in asozialer Weise mal verhöhnen, mal übelst beschimpfen – und sich damit dann auch noch profilieren. Wenn der Ärztepräsident die älteren Deutschen ebenso primitiv wie niederträchtig verhöhnt und er das „sozialverträgliche Frühableben" fördern möchte, dann ist dies für die Deutschen nicht abartig. Sie finden es auch nicht pervers, wenn ein CDU-Politiker elektrische Fußfesseln für Arbeitslose einfordert.

Wenn der deutsche Innenminister Daten seiner Landsleute über politische Anschauungen, Rasse, ethnische Herkunft, religiöse Überzeugungen oder Mitgliedschaft in Gewerkschaften ohne Notwendigkeit an die USA weitergibt, dann ist das den Deutschen nicht nur egal, sie stufen ihn auch noch zu einem der beliebtesten Politiker ein. Es gefällt ihnen auch, wenn man seinen Nachbarn inzwischen im Internet per Vordruck anzeigen kann, wenn er falsch geparkt oder zu laut gefeiert hat. Sich gegenseitig zu denunzieren wird von der Politik zum Volkssport stilisiert. Den Umbau

Deutschlands in einen präventiv-autoritären Staat nehmen die Deutschen unbekümmert hin.

Die Deutschen sind pervers. Sie ergötzen sich an einer schmutzigen, schlüpfrigen Boulevardpresse und abartigen Fernsehsendungen. Sie saugen gierig Veröffentlichungen auf, die mit Headlines wie „So klappt's mit dem Dreier" oder „Das Orgasmus-Projekt - Mädchen filmen sich im intimsten Moment" oder „Kate Winslet trägt ein Schamhaar-Toupet" aufgemacht sind. Deutsche interessieren sich aber auch für wissenschaftliche Erkenntnisse wie zum Beispiel für die Studie „Die Rolle des Staubsaugers bei autoerotischen Unfällen mit Todesfolge". Ein perverses Machwerk von Charlotte Roche mit dem Titel „Feuchtgebiete" hält sich bei den Deutschen über Monate unter „Belletristik" auf Platz eins in der Bestellerliste. Die Jugend liebt Koma-Saufen, „Spring Break" und „Happy Slapping" (engl. etwa für „lustiges Draufschlagen"). Die Deutschen lieben auch perverse Barbareien wie „Ultimate Fighting", wo Rippen eingetreten werden, wenn der Gegner schon blutüberströmt und regungslos am Boden liegt. Die niedrigsten Instinkte der Deutschen erreichen so ihren Tiefpunkt, wir erleben eine Pervertierung der Gesellschaft.

Die Deutschen protestieren nicht, wenn die Maß Bier auf dem Münchner Oktoberfest 8,60 Euro (17,20 DM) kostet. Sie zahlen und trinken brav, ohne auch nur eine Sekunde über diesen Wucher nachzudenken.

Die Deutschen akzeptieren geduldig, dass sich die Politiker in ihrem Land täglich neue, unsinnige Ge- und Verbote und sinnlose Gesetze ausdenken, die in keiner anderen Bananenrepublik denkbar wären. Ein tatsächlich existierendes „Seilbahngesetz" für Berlin oder ein tatsächlich existierendes „Hochseefischereigesetz" für München werden dabei noch nicht einmal in Frage gestellt. Kein Deutscher gerät in Rage, wenn beispielsweise auf den Toiletten im Stuttgarter Hauptbahnhof das Schminken und Haare kämmen verboten wird. Sie bleiben auch regungslos, wenn die Bundesregierung einen Gesetzentwurf verabschieden will, wonach bestimmte sexuelle Annäherungen zwischen Jugendlichen, etwa Fummeln im Kino, verboten werden. Jeden Irrsinn dieser Art nehmen die Deutschen ohne menschliche Regung oder eigene Meinung hin.

Es ist kein Aufschrei zu hören gegen rund vierzig existierende Steuerarten und dagegen, dass darüber hinaus alle drei staatlichen Ebenen, also Bund, Länder und Gemeinden das Recht haben, weitere Steuern zu erheben. Eine in München erlassene „Luftsteuer" für Balkone ist dabei noch nicht einmal der dreisteste Versuch, die Bürger abzuzocken.

Die Deutschen werden nicht argwöhnisch, wenn in ihrem Land die Korruption wie in einer Bananenrepublik immer weiter um sich greift und die Bakschisch-Mentalität, also Bestechung, Bestechlichkeit, Vorteilsannahme und Vorteilsgewährung, zur Normalität wird. Sie wollen das auch nicht verändern und bleiben massenweise den Wahlen fern. Noch einen Monat vor der

Bundestagswahl 2009 wusste die Hälfte der Bundesbürger nicht, wann gewählt wird.

Es ist den Deutschen völlig egal, wenn Zigtausende Experten und Wissenschaftler diesem Land mit diesen Zuständen den Rücken zukehren und eine bessere berufliche Zukunft im Ausland suchen und finden. Sie finden es auch nicht besorgniserregend, wenn die allgemeine Abwanderung aus Deutschland jedes Jahr zunimmt und im vergangenen Jahr 738.000 Menschen fortzogen, 100.000 mehr als im Jahr zuvor. Der volkswirtschaftliche Schaden, der Deutschland dadurch entsteht, rührt die Deutschen nicht. Auch die Regierenden erkennen dieses Alarmzeichen nicht. Sie sind auch nicht beunruhigt, wenn das Institut für Weltwirtschaft in Kiel feststellt, dass weit über elf Millionen Arbeitsplätze, also die Jobs von 42 Prozent aller sozialversicherungspflichtigen Beschäftigten, grundsätzlich ins Ausland verlagert werden könnten.

Die Deutschen realisieren nicht, dass die an sich wichtige Emanzipation der Frau in Deutschland völlig gescheitert ist. Sie erkennen nicht, dass Alice Schwarzer zwischen den Geschlechtern mehr Schaden angerichtet hat als eine schwere Pandemie. Sie erkennen auch nicht, dass die Trägerin des Bundesverdienstkreuzes seit 30 Jahren Radikalfeminismus betreibt und blanken Männerhass schürt. Sie akzeptieren, dass jährlich rund eine Milliarde Euro an Steuergeldern ausgegeben wird, um die längst über alle Maßen hinaus existierende Gleichstellung der Frauen zu finanzieren. Die Benachteiligung, Abwertung und Diskriminierung von Männern wird von den Deutschen gar nicht wahrgenommen. Sie nehmen hin, dass im Zweifel immer gegen die Männer entschieden wird.

Die Deutschen zeigen keine Empörung, wenn der ehemalige Vizepräsident des Bundesverfassungsgerichtes für mildere Urteile bei „Ehrenmorden" plädiert. Ebenso völlig normal scheint es zu sein, wenn eine Frankfurter Strafrichterin, ganz in diesem Sinne, den Koran über das deutsche Gesetz stellt, indem sie einen „Ehrenmord" zum milder bestraften Totschlag herabstuft, weil aus der Sicht des moslemischen Täters „keine niedrigen Beweggründe" vorgelegen hätten.

Die Deutschen sind verblödet. Dies sagen renommierte Autoren in sehr ernst zu nehmenden Büchern. Im Inhalt wird noch näher darauf eingegangen. Der Wahnsinn, der uns täglich von den Blödmachern in den Medien, von Bohlen, Barth bis Roche und speziell von den so genannten Eliten der Politik dargeboten wird, ist verheerend für die Gesellschaft. Die Deutschen nehmen es achselzuckend hin. Das Niveau entspricht dem einer Bananenrepublik.

Deutschland ist ein Land der erbärmlichen Feiglinge. Ein Viertel des Krankenhauspersonals würde bei einer Schweinegrippepandemie zu Hause bleiben. Dies ist das Ergebnis einer seriösen Umfrage, veröffentlicht im Ärzteblatt. Nur 70,5 Prozent des Pflegepersonals, 86,8 Prozent der Ärzte und 61,8 Prozent der Verwaltung würden zur Arbeit erscheinen. Gerade einmal 55,5 Prozent des gesamten

Personals sieht es als eine ethische Pflicht an, in einem solchen Fall zu arbeiten. Wie sich Kanzlerin, die Minister, Regierungsangestellte, Abgeordnete und Beamte verhalten würden, ist bisher nicht ermittelt worden. Das Ergebnis wäre vermutlich sehr ähnlich.

Die Deutschen rührt es nicht, dass ihr Land der drittgrößte Waffenlieferant der Welt ist und im November 2009 die Aufhebung des EU-Waffenembargos gegen das höchst unsaubere Regime Usbekistans durchgedrückt hat.

Der Deutsche ist eine Marionette. Die Bürger in anderen Ländern würden das ganze Land kurz und klein schlagen, wenn man sie derart entmündigen, belügen, erniedrigen, betrügen, berauben und provozieren würden. Das Wort vom „hässlichen Deutschen" macht international die Runde. Ein Gericht in England sprach einem britischen Touristen 5000 Euro Schadensersatz zu, weil in seinem Urlaubshotel zu viele Deutsche wohnten.

Als „Bananenrepublik" werden allgemein Länder bezeichnet, deren politische Kultur mit Korruption und allgemeiner staatlicher Willkür in Zusammenhang gebracht werden. Dass dies und wie dies in vielen Bereichen auf Deutschland zutrifft wird in diesem Buch präzise unter Beweis gestellt. Der Bundespräsident sollte nach Lektüre dieses Buches den Bundesadler durch eine Banane ersetzen.

Carlo Otto Gantert

Die Folgen der Bundestagswahl 2009:
Eine Status-quo-Diktatur

Seit der Bundestagswahl vom 27. September 2009 herrscht eine seltsame Stimmung in Deutschland. Die Wähler fragen sich: Was hat diese Wahl überhaupt bewirkt? Was ändert sich jetzt? Sie erkennen plötzlich, dass sich eine Verschlechterung der Lebens- und Arbeitsbedingungen ankündigt und der versprochene Aufschwung nur eine Sprechblase war. Viele Bürger fragen sich: Warum bin ich der Wahl fern geblieben? Andere fragen: Habe ich richtig gewählt? Kann ich durch meine Stimme überhaupt noch etwas bewegen? Zweifel kommen auf, denn die Behörden wuchern mehr als zuvor und gleichzeitig verschwindet Initiative, Mut und Zuversicht. Man kann dies als „Status-quo-Diktatur" bezeichnen. „Das postdemokratische Prinzip der Status-quo-Diktatur besteht darin, dass es egal ist, wen man wählt, denn es wird sich nach der Wahl nichts ändern."[1]

Die neue Regierung war noch nicht vereidigt, da demonstrierten schon mehrere tausend Menschen in Berlin gegen die schwarz-gelbe Koalition und für mehr soziale Gerechtigkeit in Deutschland. Doch das ist erst der bescheidene Anfang. Mit dem heiligen Versprechen „Mehr Netto vom Brutto für alle" - sind Union und FDP in den Wahlkampf gezogen. Alles gelogen! Vor allem Geringverdiener werden bei den Regierungsplänen mehr belastet.

---

[1] Grünenberg, Reginald: „Die deutsche Status-quo.Diktatur", in: www.welt.de vom 18.09.2009

Angela Merkel wurde am 28. Oktober 2009 mit 323 von 612 abgegeben Stimmen zur Kanzlerin gewählt. Damit verbuchte Merkel 52,8 Prozent der abgegebenen Stimmen, vor vier Jahren waren es noch 65 Prozent. 285 Parlamentarier stimmten mit Nein, 4 enthielten sich. Damit ist klar: mindestens neun Abgeordnete der schwarz-gelben Koalition haben Merkel nicht gewählt, offensichtlich ostdeutsche CDU-Abgeordnete. Ein thüringischer Parlamentarier, der nicht genannt werden wollte, äußerte sich gegenüber der "Hannoverschen Allgemeine Zeitung", dies sei die Quittung dafür, dass kein einziger ostdeutscher Minister in der neuen schwarz-gelben Regierung zu finden sei. „Die Empörung ist groß", sagte der Abgeordnete, der Merkel nicht gewählt hatte. "Dieses westdeutsche Kartell dient sicherlich nicht dem Zusammenwachsen Deutschlands." Er hat selbstverständlich völlig Recht.

Um einen Wahlbetrug zu kaschieren, wollten die Koalitionäre schon während der Koalitionsverhandlungen mit Rechentricks und Schattenhaushalten milliardenschwere Steuersenkungen und neue soziale Leistungen versprechen. 40 Milliarden Euro neue Schulden sollten für diesen Betrug aufgenommen werden, eine miese Idee vom lange Zeit „designierten" Finanzminister Hermann Otto Solms. Diese neuen Schulden wollte man dann noch schnell 2009 verbuchen, um sie der Ära Peter Steinbrück und der SPD zuordnen zu können. Ab 2010 wäre die Neuverschuldung dann entsprechend niedriger ausgefallen und die Koalition hätte sich damit rühmen können, sie habe die große Wende eingeleitet. „Das ist so plump, wie mies".[2] Es waren die Medien, die diesen versuchten Betrug sehr schnell aufgedeckt haben und den die Parteivorsitzenden von CDU, CSU und FDP dann schnell wieder einkassierten.

Der schwarz-gelbe Fehlstart ist peinlich. Der Koalitionsvertrag dokumentiert ein Regieren auf Kredit. „Die neue Regierung kauft sich Zeit und Wohlgefallen beim Volk, indem sie sich Geld pumpt. Sie plündert die öffentlichen Kassen."[3] Die Koalition der tiefroten Zahlen wird bis zum Ende der Legislaturperiode einen Schuldenberg von zwei Billionen Euro angehäuft haben. Man kann Merkel und Westerwelle mit den kriminellen Bankern vergleichen, die das Geld ihrer Kunden verzocken und veruntreuen. „Gemeinsam verteilt das spendable Duo Geschenke, als würden dieses Jahr Weihnachten und Ostern auf Oktober fallen."[4] Selbst Niedersachsens Ministerpräsident hat während der Koalitionsverhandlungen vor dem „finanzpolitischen Blindflug" gewarnt.

Noch am Tag der Vereidigung der Regierungsmitglieder haben der neue Finanzminister und sodann auch die Bundeskanzlerin die Höhe der von schwarz-gelb versprochenen Steuersenkungen wieder einkassiert. Angela Merkel in der ARD: "Auf Punkt und Komma kann ich es Ihnen nicht garantieren". Statt dessen deutete sie an, dass „Erhöhungen bei Sozialabgaben denkbar" seien. Steuererhöhungen ab 2013 brachte sie ebenfalls schon einmal

[2] „Weiterwursteln im Merkelland", in: DER SPIEGEL 44/2009, S. 27
[3] „Regieren auf Pump" in: „stern" 45/2009, S. 30.
[4] ebd.

vorsorglich ins Gespräch. Zuvor hatte Wolfgang Schäuble Zweifel an den Vereinbarungen des Koalitionsvertrages geäußert. Er wolle sich nicht endgültig darauf festlegen, dass die angekündigten Steuerentlastungen von 24 Milliarden Euro auch tatsächlich kommen. Was allerdings bereits kam, ist das „Wachstumsbeschleunigungsgesetz".[5] Unternehmer, Erben, Hotels und Gaststätten werden von einem „Entlastungsvolumen" von 8,5 Milliarden Euro profitieren. Das sind die Klienten der FDP. Die Steuern werden also für Reiche gesenkt. Gleichzeitig sinken die Gehälter der Geringverdienenden immer weiter.[6] Die schwarz-gelbe Regierung pfeift also auf sozialen Ausgleich, die Lohnungleichheit sinkt auf das Niveau Großbritanniens und anderer Länder mit arbeitnehmerfeindlicher Beschäftigungspolitik.

Der Koalitionsvertrag ist eine Dokumentation der Zerstrittenheit. Sieben Kommissionen wurden eingesetzt, 84 Prüfaufträge wurden erteilt. Noch niemals ist eine neue Regierung derart konfus und bescheuert angetreten. "Wie die neue Koalition ans Werk geht, erinnert an einen Club der Hütchenspieler. Nirgendwo offenbart sich dieser Anschein des Unseriösen deutlicher als in der Steuerpolitik."[7] Renommierte Experte sind sich einig: Die Regierung liegt falsch.

Konjunkturpakete und Rettungsmaßnahmen haben die Schulden Deutschlands explodieren lassen. Die Verschuldung von Bund,

---

[5] beschlossen von der Bundesregierung am 9. November 2009
[6] vgl. „Gehälter von Geringverdienern sinken immer weiter", in: www.welt.de vom 09.11.2009
[7] „Berliner Casino", in: DER SPIEGEL 45/2009, S. 24.

Ländern und Gemeinden dürfte bis 2013 die Zweibillionengrenze überschreiten. Der große alte Mann der FDP, Otto Graf Lambsdorff, warnt die Regierung vor einem Schuldenrausch und sagt kurz, knapp und klar: „Der Bundeshaushalt ist so defizitär wie nie zuvor."[8] Die schwarz-gelbe Koalition muss wissen: Auch Regierungen können nicht unendlich Schulden machen, auch sie müssen diese irgendwann zurückzahlen. Schafft der neue Finanzminister Wolfgang Schäuble das nicht, wird ihm keine nationale oder internationale Bank mehr Geld zur Verfügung stellen, und dann wäre Deutschland bankrott. Natürlich weiß das auch Schäuble, aber wie er dieses Problem wirklich lösen will, und das ist seine gottverdammte Aufgabe, hat er bisher nicht erklärt.

Erklärt hat er aber immerhin schon eines ganz klar: „Ein ausgeglichener Haushalt in dieser Legislatur ist Utopie" und an eine Schuldenrückführung und Sparmaßnahmen sei „erst nach einem Ende der Wirtschafts- und Finanzkrise zu denken."[9] Er werde in den kommenden Jahren sogar noch mehr Schulden machen.

Die Regierung aus Union und FDP wird hauptsächlich an der Bewältigung der Arbeitslosigkeit und der Sozialpolitik gemessen. Bis zur Bundestagswahl 2009 konnte man sich mit 3,5 Millionen Arbeitslosen durchlügen. Nach der Wahl kommt die Wahrheit auf den Tisch, denn wenn man die Ein-Euro-Jobber, die Unterbeschäftigten, die Kurzarbeiter und die „stille Reserve" aus

---

[8] vgl. „Lambsdorff warnt seine FDP vor einem Schuldenrausch", in: www.welt.de vom 02.11.2009
[9] „Schäuble: Ausgeglichener Haushalt ist Utopie", dpa-Meldung vom 25. Oktober 2009

nicht arbeitslos gemeldeten Personen hinzuzählt, stellt sich die Zahl der 3,5 Millionen Arbeitslosen als Taschenspielertrick heraus. Selbst der FDP-Generalsekretär der FDP Dirk Niebel, inzwischen Entwicklungsminister, räumte drei Tage nach der Wahl ein: „In Wahrheit liegt die Zahl der Arbeitslosen nicht bei den offiziell verkündeten 3,5 Millionen, sondern bei mindestens fünf Millionen."[10] Und wenn selbst die Bundeskanzlerin am 20. Oktober 2009 vor der CDU-Bundestagfraktion „extrem ernste Monate" für den Beginn des kommenden Jahres ankündigen musste und gleichzeitig warnte, die Arbeitslosenzahl könne im März auf 4,5 Millionen steigen, dann ist völlig klar, was die Uhr geschlagen hat: Tatsächlich können es sechs Millionen werden, und mehr. Unter dem Eindruck rückläufiger Zahlen im Kfz.-Handel nach Ende der Abwrackprämie und der Quelle-Pleite mit den dazu gehörenden Auswirkungen auf die Arbeitslosigkeit, auch bei den Zulieferern, hat Angela Merkel die Flucht nach vorne angetreten. Diese, und andere Probleme, konnte sie ganz knapp hinter die Bundestagswahl mogeln. Doch jetzt kommt die Wahrheit auf den Tisch.

Die schwarz-gelbe Koalition ist durch die Positionen der FDP in eine Politik gezwungen, die in vier Jahren einer völlig neuen Konstellation die Tür öffnet. Denn diese Koalition lässt es zu, dass beispielsweise in Friseursalons oder in der Gastronomie Stundenlöhne von 1,50 Euro gezahlt werden.[11] Löhne wie in einer

---

[10] Bergius, Michael: „Gegenwind für Merkel", in: Frankfurter Rundschau vom 01.10.2009, Titelseite
[11] Nach Berechnungen des Instituts Arbeit und Qualifikation (IAQ) der Universität Duisburg-Essen arbeiten in Deutschland insgesamt 6,5 Millionen Menschen und damit mehr als jeder fünfte Beschäftigte im Niedriglohnsektor.

Bananenrepublik. Die „Bürgerrechtspartei" FDP will nicht erkennen, dass solche Löhne gegen Artikel 1 des Grundgesetzes verstoßen, denn sie verletzen die Menschenwürde.

Guido Westerwelle wird als Außenminister zum Problem der neuen Bundesregierung. Die Kanzlerin wird ihm auf der internationalen Bühne die Show stehlen. Westerwelle selbst wird das Image des Leichtmatrosen nie mehr los. Das wird er auch im Auswärtigen Amt spüren. Der Beamtenstab wird zwar loyal sein, doch der Respekt der selbstbewussten, professionellen und anspruchsvollen Berufsdiplomaten ist ihm damit noch lange nicht sicher.

Schwarz-Gelb verbreitete am Tage der Ministervereidigung zwar Optimismus - doch die Wirtschaft ist krank. Die Geldmenge wächst zu schnell, die Arbeitslosigkeit steigt. Deutschland droht Mini-Wachstum bei steigenden Preisen. Dies bedeutet, dass eine Inflation droht. Denn die grundlegende Voraussetzung für Inflation ist Geldschöpfung, eine Ausweitung der Geldmenge, die über das produktive, reale Wachstumspotential einer Wirtschaft hinausgeht. Mit einer Politik des "leichten Geldes" findet also eine Geldschöpfung in nie gekanntem Ausmaß statt. [12]

Merkel und Westerwelle vermochten weder zum Zeitpunkt der Koalitionsverhandlungen noch können sie heute nachvollziehbar darstellen, wie der unvermeidliche, gigantische Anstieg der Arbeitslosigkeit finanziert werden soll. Eine Politik der Illusionen

---

[12] vgl. Reich, Johannes J.: „Warum Deutschlands Motor noch lange stottert", in: www.spiegel.de vom 27.10.2009.

und des Realitätsverlustes zeichnet sich ab, denn für einen nachhaltigen, sich selbst tragenden Aufschwung gibt es derzeit kaum überzeugende Hinweise. Vielmehr kündigt sich eine längere Phase steigender Preise, wachsender Arbeitslosigkeit, sinkender verfügbarer Einkommen, geringen Wirtschaftswachstums sowie zunehmend aggressiver geführter Verteilungskämpfe an.[13]

Der Finanzminister:
Ein Plünderer, Parasit und Folterknecht

Mehrwertsteuer, Lohnsteuer, Einkommenssteuer, Energiesteuer, Grundsteuer, Gewerbesteuer, Abgeltungssteuer, Ertragssteuer, Tabaksteuer, Körperschaftssteuer, Stromsteuer, Solidaritätszuschlag, Versicherungssteuer, Kraftfahrzeugsteuer, Grunderwerbssteuer, Zölle, Erbschaftssteuer, Branntweinsteuer, Rennwettsteuer, Lotteriesteuer, Kaffeesteuer, Biersteuer, Schaumweinsteuer, Feuerschutzsteuer, Vergnügungssteuer, Jagdsteuer, Hundesteuer, Zweitwohnungssteuer, Fischereisteuer, Schankerlaubnissteuer, Zwischenerzeugnissteuer, Alkopopsteuer, Kinosteuer, Getränkesteuer und dergleichen - dies sind die Folterinstrumente des Finanzministers. Die Deutschen nehmen die vierzig Steuerarten geduldig hin, statt diesem Plünderer das Handwerk zu legen. Immer steht die Drohung im Raum: „Dass Sie noch Vermögen haben, ist nicht Ihr Verdienst, sondern unser Versäumnis!"

---

[13] vgl. ebd.

Von A bis Z, von Alkopop bis Zweitwohnung, alles wird besteuert. Jeder Finanzminister bastelt an neuen Abgaben. Dabei ist er sehr erfindungsreich. So beteiligt er sich schamlos an den Milliardenumsätzen der im Sinne des Bürgerlichen Gesetzbuches „sittenwidrigen" Prostitution. Prostituierte müssen ihr Einkommen ganz regulär versteuern, wie Selbständige. Auf der anderen Seite können die Frauen ihren Lohn nicht einklagen, weil sittenwidrige Geschäfte nichtig sind. Das Abkassieren der Steuer bei Prostituierten stuft dagegen niemand als sittenwidrig ein.

Ein allein stehender Deutscher mit einem Jahresgehalt von 63000 Euro muss 53,7 Prozent von seinem Einkommen an Steuern und Abgaben zahlen. Der Spitzensteuersatz setzt schon bei 52552 Euro ein, das heißt also, dass mancher Facharbeiter – steuerlich betrachtet – zum Krösus erklärt wird.[14] Vom 1. Januar bis zum 14. Juli 2009 arbeiteten die Beschäftigten in Deutschland rechnerisch nur für den Finanzminister und die Sozialkassen. 46,7 Cent bleiben den deutschen Arbeitnehmern von jedem verdienten Euro übrig.[15] Nur Verrückte wie Dieter Bohlen finden das gut: „Ich finde es okay, fast die Hälfte meines Einkommens dem Staat zu geben."[16] Na klar, die Hälfte dessen, was Dieter Bohlen danach noch bleibt, ist immer noch gigantisch. Der Finanzminister verkommt also zum Plünderer und Parasit. In manchen anderen Bananenrepubliken steht der Bürger besser da. „Zwei Drittel der Deutschen haben fast nichts, während

---

[14] vgl. „Die Steuerschwindler", in: stern 28/2009 S. 70
[15] vgl. „Von jedem verdienten Euro bleiben nur 46,7 Cent", in: www.welt.de/finanzen vom 16.07.2009
[16] zit. nach „Ich lass mich nicht von Gysi quälen", Interview mit Dieter Bohlen in: Focus 42/2009, S. 151

ein Zehntel fast 60 Prozent des Vermögens besitzt."[17] Exakt wie in einer Bananenrepublik.

Schon 1997 erkannte der US-Ökonom Arthur Laffer: „Die Deutschen zahlen die höchsten Steuern Europas. Das würgt die unternehmerische Initiative ab, die Menschen haben weniger Lust, sich anzustrengen. Senken Sie die Steuern, brummt der Laden plötzlich, Firmen investieren, neue Betriebe entstehen. Stellen Sie sich vor, die Arbeitslosigkeit in Deutschland würde sich halbieren. Statt Arbeitslosenhilfe zu zahlen, würde der Staat plötzlich Steuern einnehmen. Stellen Sie sich die Milliarden vor, die eine boomende Wirtschaft der deutschen Staatskasse einbringen würde. Eine solche Reform bezahlt sich von allein".[18] Laut OECD haben die Deutschen tatsächlich einen Spitzenwert bei der Steuerbelastung, sie treten durchschnittlich die Hälfte ihrer Einkünfte an die öffentliche Hand ab. Die Schweizer Regierung begnügt sch mit einem Viertel des Verdienstes ihrer Bürger.

Der gesamtstaatliche Schuldenberg hat Anfang 2010 um 126 Milliarden auf mehr als 1,7 Billionen Euro zugenommen, eine Zahl mit elf Nullen. Die deutschen Schulden steigen derzeit 4439 Euro pro Sekunde. Ein negativer Rekord in der Geschichte Deutschlands. Jeder 6. Euro im Bundeshaushalt wird für die Zinstilgung verwendet. Die Pro-Kopf-Verschuldung in Deutschland hat die Grenze von 20.000 Euro überschritten. Dies geht aus einer Antwort

---

[17] „Arm und Reich in Deutschland, Was tun gegen Ungleichheit?", in: stern 35/2009, S. 47-
[18] „Machen Sie die Armen reich", Meyer-Larsen, Werner und von Blumencron, Mathias Müller, Interview mit US-Ökonom Arthur Laffer, in: DER SPIEGEL 4/1997, S. 33

der Bundesregierung auf eine Anfrage des stellvertretenden FDP-Fraktionsvorsitzenden Carl-Ludwig Thiele hervor, die der Deutschen Presseagentur vorlag. Die Bananenrepublik Deutschland, d.h. allein der Bund, zahlt inzwischen 40 Milliarden Euro jährlich nur an Zinsen. Ein Verbrechen an den Bürgern, ihren Kindern und Kindeskindern.

Dagegen verschwenden die Politiker jedes Jahr rund 30 Milliarden an Steuergeldern für „Luftnummern", d.h. sinnlose Projekte. Der Bund der Steuerzahler listet Hunderte konkreter Fälle jedes Jahr in einem Schwarzbuch auf.[19] Beispiel: Die „Kanzler-U-Bahn" in Berlin führt über eine Strecke von 1,8 Kilometer in drei Minuten über drei Stationen („Hauptbahnhof" – Brandenburger Tor" - „Bundestag") zum Kanzleramt ohne Anschluss zum restlichen U-Bahnnetz.[20] Ein völlig unsinniges Projekt, das niemals profitabel betrieben werden kann. Kaum ein Regierungsbeamter oder Abgeordneter wird die „Stummellinie" jemals nutzen. In diesen Unfug wurden 320 Millionen Euro investiert, ein Anschluss an die anderen Berliner Strecken wird weitere 433 Millionen Euro kosten.

Ein weiteres, haarsträubendes Beispiel, das der Bund der Steuerzahler nicht entdeckt hat: Die Kosten für die Einführung des neuen Logos der Bundesagentur für Arbeit (BA) wird von Werbexperten auf mindestens zehn Millionen Euro geschätzt.[21] Das

---

[19] zuletzt: „Die öffentliche Verschwendung", Bund der Steuerzahler, Oktober 2009.
[20] vgl. „Ultrakurz und supersteuer: Die Kanzler-U-Bahn rollt", in: Die Tageszeitung vom 10.08.2009, S. 8.
[21] vgl. Peters, Freia: „Zehn Millionen Euro für renoviertes A", in: Welt am Sonntag vom 22.05.2005.

neue Logo unterscheidet sich vom alten Logo kaum, für den Laien überhaupt nicht. Der grafisch gestaltete Buchstabe A (für ehemals „Arbeitsamt") wurde in der Linienführung nicht geändert. Er wurde von positiv (rot auf weiß) in negativ (weiß auf rot) umgewandelt. Jeder halbwegs begabte PC-Inhaber hätte die minimale Veränderung mit einem Grafikprogramm in 5 Minuten zum Autorenhonorar von 10 Euro erledigen können. Doch allein dafür zahlte die Bundesagentur 100.000 Euro - für angebliche „Entwicklungskosten" des Logos. Die weit größere Verschwendung folgte erst danach: Am Hauptsitz und 880 Regionaldirektionen mussten Geschäftspapiere, Beschilderungen, Prospekte, Internetauftritt, Fassadenbeschriftungen, Klingel- und Namensschilder, Tischaufsteller usw. „angepasst" werden. Diese nicht erkennbare optische „Erneuerung" plus gigantischen bürokratischen Aufwand war völlig überflüssig. Sie kostete die Beitragszahler am Ende mindestens 10 Millionen Euro. Ich würde befürworten, allein dafür die Prügelstrafe wieder einzuführen.

Steuerverschwendung muss wie Steuerhinterziehung bestraft werden! Deshalb muss in Deutschland endlich der Straftatbestand der Amtsuntreue eingeführt werden. Wer Steuern verschwendet bzw. veruntreut muss genau so behandelt werden, wie der Steuerhinterzieher, Auch Regressforderungen und Disziplinar-maßnahmen müssen eigentlich selbstverständlich sein. Diese Selbstverständlichkeit blenden die Deutschen einfach aus – aus Bequemlichkeit.

Andererseits ist der Finanzminister aber auch ein willfähriger Handlanger. Für die Kirchen treibt er „Kirchensteuer" ein und niemand regt sich darüber auf. Warum klagt der ADAC eigentlich nicht unter Hinweis auf den Gleichbehandlungsgrundsatz das Recht ein, auch die ADAC-Beiträge vom Lohn einzubehalten?

Erfrischend liest sich ein Leserbrief zum SPIEGEL-Titel „Der geplünderte Staat" (24/2009): „Der korrekte Titel müsste lauten: „Der plündernde Staat". Woher nimmt die Regierung das Recht, einen großen Teil der Lebensleistung ihrer Bürger – vornehmlich der kleinen Leute – zu kassieren, während die Plünderer in Luxus schwelgen?"[22]

Der Finanzminister ist ein hinterlistiger Bursche. Eine Inflation käme ihm nur gelegen, ja er würde sie sogar gerne befördern. Denn eine steigende Inflation beschert ihm einen Geldregen in Milliardenhöhe. 2007 flossen 3,3 Milliarden Euro zusätzlich in die Kassen von Bund, Ländern und Gemeinden. Dies errechnete der Bund der Steuerzahler. Denn steigende Preise bei Waren und Dienstleistungen haben 2007 zu entsprechend höheren Mehrwertsteuer-Einnahmen geführt. Noch einmal mit anderen Worten: Eine Inflation ist für den Finanzminister verlockend, denn dabei steigen die Steuern aufgrund höherer Preise, aber die Höhe der (Staats-)Schulden sinkt. Wenn die Außenstände fix vereinbart sind, ist die Geldentwertung für den Finanzminister also höchst

---

[22] Leserbrief von Heinz Bertram, Leipzig, in DER SPIEGEL 25/2009, S. 10.

angenehm. Er könnte eine Inflation bewusst fördern um damit den Staat – vor allem im Ausland – zu entschulden.

Der Finanzminister ist aber nicht nur ein Plünderer und ein Parasit. Er ist auch mitverantwortlich an der Finanzkrise. Über das Milliardendebakel bei der Hypo Real Estate (HRE) war er schon im Januar 2008 informiert. Vor den Missständen bei dem Finanzinstitut warnte seinerzeit BaFin-Präsident Jochen Sanio in einem Lagebericht. Sanio warnte vor „möglicherweise erschreckenden Größenordnungen" und listete Risikopositionen im zweistelligen Milliardenbereich auf. Das Kürzel von Staatssekretär Jörg Asmussen befindet sich auf dem Deckblatt des Berichts.[23] Aber auch grundsätzlich war das Finanzdesaster vorauszusehen. In den vielen ernstzunehmenden Voraussagen ragt eine hervor, das Buch von Professor Max Otte aus dem Jahr 2006: „Der Crash kommt".[24]

Der Finanzminister ist ein Lügner und Betrüger. Er presst den Deutschen seit 18 Jahren einen 5,5prozentigen Aufschlag auf ihre Einkommenssteuer ab und bezeichnet diesen Aufschlag „Solidaritätszuschlag". Ein Betrug. Die 13 Milliarden „Soli" werden offiziell zum Aufbau der neuen Bundesländer erhoben. Eine Lüge, denn der Finanzminister kann die Soli-Einnahmen für jeden beliebigen Zweck ausgeben – und er tut es.

---

[23] „Berlin frühzeitig über HRE-Debakel informiert", in: DER SPIEGEL 26/2009, S. 19
[24] Otte, Max: „Der Crash kommt, Die neue Weltwirtschaftskrise und wie Sie sich darauf vorbereiten", Berlin 2006.

Schließlich ist der Finanzminister ein Totengräber der Nation. Nicht nur die fiskalische Plünderung einerseits und die Steuerverschwendung andererseits sind verheerend, auch unter seiner Schuldenpolitik werden noch Generationen zu leiden haben. Er kapiert nicht, dass die Schulden von heute die Steuern von morgen sind. „Je mehr Schulden bedient werden müssen, umso mehr Steuereinnahmen, umso mehr Wachstum braucht das Land und wenn es nicht genügend Wachstum gibt, dann muss der Staat bei seinen Ausgaben sparen. So einfach ist das."[25] Doch warum kapiert das der Finanzminister nicht? Wir sitzen gegenwärtig auf 1,7 Billionen Euro an Staatsschulden, „Deutschland hat ein Problem mit 13 Stellen vor dem Komma."[26] Aktuell fehlen 350 Milliarden Euro in der Kasse. Eine Finanzagentur in Frankfurt, die „Bundesrepublik Deutschland Finanzagentur GmbH", von Insidern kurz als „Die Schuldenagentur" bezeichnet, managt das Problem. Die Agentur kümmert sich darum, die Bundesrepublik Deutschland flüssig zu halten und jongliert dabei täglich mit unvorstellbaren Summen. „Es ist ein ständiges Löcherstopfen, Jonglieren, Umbuchen, Aufreißen neuer Löcher."[27] Warum wird das Problem nicht gelöst? Die Finanzpolitiker sind völlig hilflos. Es ist die Kleinstaaterei. Verhängnisvoll „wirkt sich die Unfähigkeit von Bund und Ländern aus, die siechen Landesbanken zu sanieren. Wie kein anderer Sektor des Geldgewerbes hatten sich Institute wie die West-LB oder die HSH Nordbank am weltweiten Finanzcasino beteiligt. Entsprechend groß waren die Verluste in der Krise."[28]

---

[25] „Merkels Dispo", in: DER SPIEGEL 26/2009, S. 60.
[26] ebd.
[27] ebd., S. 56
[28] „Der Geldstrom stockt", in: DER SPIEGEL 30/2009, S. 19

In der Volkswirtschaft gilt immer noch die Lehre, dass ein Staat nicht Pleite gehen kann. Die Finanztheorie sagt, dass jede noch so hohe Schuld durch Steuereinahmen und Vermögen gesichert sei. Doch wie war das jüngst mit Island? Der Staat war zahlungsunfähig, die Isländer hatten ihrem Staat Geld geliehen und jede Aussicht auf Rückzahlung verloren. „Islands Finanzsystem wurde gerettet, weil der Weltwährungsfonds und einige Nachbarländer der Insel mit Krediten aushalfen, die sie auf den freien Märkten nie bekommen hätten."[29] Inzwischen steht auch Deutschlands Bankenbranche so schlecht da, wie in keinem anderen Industrieland.[30]

Deutschland schizophren: „Früher freute die Öffentlichkeit sich über Gewinne. Heute ist sie schon mit satten Verlusten zufrieden, nach dem Motto: Es könnte bei denen ja noch schlimmer sein. So loben Analysten bei der Commerzbank etwa ein „operatives Minus" von 201 Millionen Euro - das nicht ganz so miserabel war, wie sie geglaubt hatten."[31]

Dazu passt auch, dass Ex-Finanzminister Peter Steinbrück arglistig von der Misere abzulenken versucht hatte, indem er die Schweiz, Luxemburg, Liechtenstein und andere Länder als Steueroasen beschimpfte,[32] aber die Steueroasen in den USA, Großbritannien und China ebenso feige und kleinlaut unterschlägt. Auf die

---

[29] „Merkels Dispo", a.a.O., S. 60
[30] vgl. ebd.
[31] Luttmer, Lina: „Das jämmerliche Niveau der Commerzbank", in: Financial Times Deutschland, 06.08.2009.
[32] Einige der beschuldigten Länder wurden inzwischen von der "Grauen Liste" getilgt, nachdem diese erklärt haben, die Vorgaben der OECD zu erfüllen und die international vereinbarten Steuerstandards umzusetzen.

unverhohlene Drohung des deutschen Ex-Finanzministers gegen die angeblichen Steueroasen „die siebte Kavallerie von Fort Yuma ausreiten zu lassen" stellte der Premier Luxemburgs, Jean-Claude Juncker fest: „Wir waren schon einmal besetzt, wir haben unter deutscher Besatzung gelitten."[33] Davon abgesehen sollte sich ein Finanzminister, wenn er solche Späßchen zum Besten geben will, besser vorbereiten, zumal wenn er Westernfan ist. Auch ich bin Westernfan und weiß deshalb, dass die siebte Kavallerie für das grausame Massaker an einem Sioux-Stamm bei Wounded Knee in South Dakota verantwortlich ist. In der Schlacht am Litte Big Horn wurde die siebte Kavallerie von den Indianern allerdings vernichtend geschlagen. Ein makabrer Vergleich also. Im Übrigen operierte die siebte Kavallerie nie von Fort Yuma aus. Dieses befand sich in Arizona. Der Finanzminister verschwieg bei seinem missglückten Spaß hinterhältig, dass selbst Deutschland riesige Schlupflöcher bietet, um Steuern zu „vermeiden"; zahlreiche Konzerne nutzen das Steuerparadies Deutschland schamlos. Hier floriert eine ganz legale Steuervermeidungsindustrie.

Der Weg zur „Steueroptimierung" in Deutschland führt über das EU-Mitglied Malta. Ein Beispiel: Ein deutscher Konzern gründet eine Tochterfirma mit Sitz in Malta. Dort wird ein Jahresüberschuss von 100 Millionen Euro Nettogewinn erwirtschaftet. Nach Abführung der maltesischen Steuer (35 Prozent) bleiben 65 Millionen Euro. Davon können die Aktionäre den größten Teil (sechs Siebtel) zurückfordern (30 Millionen Euro), sodass am Ende

---

[33] zit. nach „Juncker zieht Vergleich mit Nazi-Besetzung", in: www.nachrichten.t-online.de vom 09.05.2009

nur fünf Prozent versteuert werden, ergibt 95 Millionen Euro. Anschließend fließen die Dividenden zurück in die Kasse des deutschen Konzerns – zu 95 Prozent steuerbefreit. Von den 95 Millionen Euro, die an den deutschen Mutterkonzern zurück fließen, werden nur noch 5 Prozent davon mit 30 Prozent nachversteuert. Der verbleibende Gewinn beträgt also 93,58 Millionen Euro. Die Steuerersparnis durch das Malta-Modell also: 23,58 Millionen Euro.[34]

„Wer Steueroasen wirksam bekämpfen will, darf die heimischen Banken nicht schonen".[35] So unterhält beispielsweise die Deutsche Bank rund 500 Tochtergesellschaften in Steueroasen, allein 151 auf den Cayman-Inseln und 79 auf Jersey. Auf Mauritius, einer relativ kleinen Insel mit striktem Bankgeheimnis, beschäftigt die deutsche Bank 180 Mitarbeiter. Ähnlich agieren Dresdner Bank und Commerzbank. Auf der Website www.dboffshore.com wirbt die Deutsche Bank Channel Islands, Cayman, Mauritius offen mit Kapitalanlagen in Steuerparadiesen mit den Worten: „Effektive Steuerplanung für hoch vermögende Individuen". Als Hauptattraktion bietet man die Gründung einer Rechtsform an, „die die Steuerbelastung beseitigt oder reduziert". Die Deutsche Bank wirbt auf diese Weise offensiv für Steuerflucht, ohne sich dabei strafbar zumachen. Deutsche, die ihre Geldgeschäfte vor dem Finanzamt verschleiern möchten, sind die zentrale Kundengruppe der Luxemburger Tochter der Dresdner Bank. Die Commerzbank

---

[34] vgl. „Steueroase Deutschland", in: DER SPIEGEL 36/2009, S. 72 ff.
[35] Schick, Gerhard: „Die Kavallerie muss auch im Inland reiten", in: DIE ZEIT vom 07.05.2009

wirbt auf ihrer Homepage mit „attraktiven Steuergesetzen".[36] Die neue Bundesregierung redet sich bisher mit dem unsinnigen Argument heraus, dass man in die Geschäftspolitik der Banken nicht eingreifen wolle. Sehr witzig, denn das kann dann nicht gelten, wenn Banken mit deutschen Steuergeldern unterstützt werden, wie die Commerzbank.

Der Finanzminister kann aber selbst getrost als Steuerhinterzieher bezeichnet werden, denn er hat es zugelassen, dass ein blitzgescheites Frankfurter Steuerfahnderteam abgelöst wurde, weil es im Jahr 2000 bei der Deutschen Bank und Commerzbank Beihilfe zum Steuerbetrug ermittelt hatte. Die Banken halfen Kunden dabei, ihre Millionen nach Liechtenstein und in die Schweiz zu transferieren. Die Ermittler stellten stapelweise Belastungsmaterial sicher. 326 Kisten und 357 Ordner mit Liechtensteiner Steuerakten holten sie aus den Frankfurter Banken. In kurzer Zeit erreichten sie Steuernachzahlungen an den Bund von rund einer Milliarde D-Mark und 250 Millionen an das Land Hessen. Im Sommer 2001 begann dann, was jeder Bananenrepublik zur Ehre gereichen würde: Alle Beamten des Fahnderteams wurden aus dem Dienst entfernt, einer davon wurde mit 39 Jahren mit der Diagnose „Querulatorische Entwicklung" für krank erklärt und zwangspensioniert. Amtsunabhängige Gutachter dagegen bescheinigten den Ex-Fahndern, sie seien psychisch kerngesund. Die Nachfolger sollten dann nur noch ermitteln, wenn sie Transfervolumen von über 500.000 D-Mark oder Einzeltransfers von über 300.000 D-Mark

---

[36] vgl. ebd.

entdecken, obwohl jedermann weiß, dass Steuerbetrüger ihre Millionen immer in kleineren Tranchen in die Schweiz oder Liechtenstein bringen und kleine Transfers oft zu großen Konten führen. Die Hintergründe für diesen unglaublichen Krimi sind bis heute – trotz Berichte in Spiegel, stern und zahlreichen anderen Medien und trotz Untersuchungsausschuss im hessischen Landtag - nicht aufgeklärt. Es gibt aber die Vermutung, dass es Anweisungen von Finanzminister Karlheinz Weimar und Ministerpräsident Roland Koch (beide CDU) gab. Demnach hätten diese kein Interesse an einer umfassenden Verfolgung der Steuerdelikte, da auch einflussreiche Persönlichkeiten betroffen seien.[37]

Ministerpräsident und Finanzminister leisten also der Steuerhinterziehung Vorschub, denn allein durch die Ablösung des erfolgreichen Teams und die Schonanordnung wurden Bund und dem Land Hessen gigantische Steuernachzahlungen entzogen. Bananenrepublik Deutschland.

Der Finanzminister ist auch ein Gesetzesbrecher. Mit so genannten Nichtanwendungserlassen sabotiert er am laufenden Band Steuerurteile des Bundesfinanzhofes (BFH). Missliebige Urteile des BFH werden auf diese Weise von den Finanzbehörden ignoriert – selbstverständlich zum Nachteil der Steuerzahler. Die Ausrede des Bundesfinanzministeriums: Der Bundesgerichtshof fälle Einzelfallentscheidungen, die keinen Gesetzescharakter hätten. Dies ist zwar prinzipiell richtig, doch die Entscheidungen des BFH sind

---

[37] vgl. Thieme, Matthias: „Steuerfahnder wegen guter Arbeit geschasst", in: Frankfurter Rundschau vom 9./10. Mai 2009.

immer auch auf vergleichbare Fälle übertragbar. Trotzdem weisen Bundes- und Landesfinanzministerien die Finanzämter zunehmend an, die Urteile nicht über den Einzelfall hinaus anzuwenden. Experten halten dies für eindeutig verfassungswidrig. Die Steuerzahler können von den BFH-Entscheidungen zugunsten anderer Steuerzahler also nicht profitieren, sondern stets nur derjenige, der sich bis zum BFH durchprozessiert hat.[38] Nichtanwendung von BFH-Urteilen gibt es bei Sachverhalten wie Bewirtungskosten, Fortbildungskosten, doppelter Haushaltsführung, Reisekosen usw. In der vergangenen Legislaturperiode hat der Finanzminister nach Angaben von BFH-Präsident Wolfgang Spindler 31 Nichtanwendungserlasse herausgegeben. Das Finanzministerium hat in der vergangenen Legislaturperiode mindestens 122 Urteile noch gar nicht veröffentlicht. „Ein Nichtanwendungserlass aus rein fiskalischen Gründen ist rechtswidrig"[39] so der Steuerberater und Fachanwalt für Steuerrecht Dr. Jörg Schewe. Damit bestätigt sich einmal mehr: „Wie in einer Bananenrepublik setzt sich die Exekutive über Entscheidungen der Judikative hinweg."[40]

Nun wird das Finanzministerium von einem alten Zuchtmeister geführt. „Schäubles Aufgabe gilt eigentlich als unmöglich. Gut 80 Milliarden Euro neue Verbindlichkeiten werden im Haushalt 2010 stehen … Bis spätestens 2016 muss Schäuble wegen der im

---

[38] vgl. Brandstetter, Barbara: „Fiskus kassiert wichtige Urteile für den Steuerzahler", in: Welt am Sonntag vom 05.07.2009, S. 37.
[39] zit. nach ebd.
[40] Schäffler, Frank: „Bananenrepublik oder Rechtsstaat?", in: www.antibuerokratieteam.net 16.05.2009.

Grundgesetz verankerten Schuldenbremse das jährliche Defizit auf etwa neun Milliarden Euro schrumpfen."[41] Das ist in der Tat unmöglich. Lassen wir uns überraschen.

Die einfachen, wehrlosen Bürger Deutschlands sind nur noch Beute von Wolfgang Schäuble. Der Finanzminister ist eine Mischung aus gefräßigem Ungeheuer und gierigem Warlord. Er wird sich immer dann ein Stück klauen, wenn es ihm beliebt. Führende Wirtschaftsexperten fordern eine Mehrwertsteuererhöhung auf 25 Prozent.[42] „Schon jetzt ist klar, unter welchem Arbeitstitel das Drehbuch der Zukunft steht: Die Ausplünderung der Zukunft durch die Gegenwart. Die nehmende Hand greift nun sogar ins Leben der kommenden Generationen voraus – die Respektlosigkeit erfasst auch die natürlichen Lebensgrundlagen und die Folge der Generationen."[43]

Die Beamten: „Sind das auch Menschen?"

Klar, eine Regierung kann es nicht allen (ge)recht machen. Den Beamten allerdings schon. Diese sind mit derart üppigen Bezügen, einer völlig überzogenen Altersversorgung und zahlreichen Privilegien ausgestattet, dass es die deutschen „Normalbürger" auf die Barrikaden treiben müsste. Doch diese wehren sich nicht. In Deutschland herrscht ein Zwei-Klassen-System, eine Art Apartheid,

[41] „Zuchtmeister und Debütant", in: DER SPIEGEL 45/2009, S. 20.
[42] „Experten fordern Mehrwertsteuer von 25 Prozent", in: www.wirtschaft.t-online.de 19.09.2009.
[43] Sloterdijk, Peter: „Kleptokratie des Staates", in: Cicero 7/2009, S. 43.

nämlich hier die Beamten und da die arbeitende Klasse, der „Normalbürger".

Manche Bundesländer müssen für die Pensionen unserer „Staatsdiener im Ruhestand " inzwischen so viel aufbringen, dass in ihren Haushalten kein Geld mehr übrig ist für wichtige Aufgaben wie Schulen oder neue Straßen.[44]

In Umfragen zeigt sich immer wieder, wie die Bürger Beamte einschätzen: ungerecht, ängstlich und insgesamt überflüssig. Viele Befragte bezeichnen sie als arrogant und mürrisch. Der ehemalige Berliner Finanzsenator Thilo Sarrazin beklagte sich über die „übel riechenden Beamten", die durch die Amtsflure schlichen. 61 Prozent der Deutschen verbinden mit dem Begriff Beamter nur negative Vorstellungen über Privilegien und ruhige, sichere Arbeit. Jeder vierte hält Beamte für faul, träge, stur, unflexibel oder korrupt. Nur sechs Prozent haben ein positives Bild. Nur Politiker, Gewerkschaftsfunktionäre und Telekom-Mitarbeiter schneiden schlechter ab.[45]

Der große Liberale Ralf Dahrendorf diskutierte einst im NWDR die Frage: „Sind Beamte auch Menschen?" – aber diese fundamentale und problematische Frage bleibt bis heute ungelöst.

---

[44] Vgl. „Die graue Macht", in. stern 28/2009 S. 62 f.
[45] Ergebnis einer Forsa-Umfrage, zit. nach der dpa Meldung „Öffentliches Ansehen der Beamten miserabel" vom 11.10.2007.

Was ist beispielsweise am Münchner Oberbürgermeister Christian Ude noch Mensch, wenn dieser eine „Luftsteuer" eintreiben will. 2006 wollte er von einem Hauseigentümer „Luftsteuer" in Höhe von 10.000,-- Euro kassieren. Der Hausbesitzer sollte 10.000,-- Euro „Sondernutzungsgebühr" für 30 Balkone zahlen, da diese ja in die Straße hineinragen. Erst der Bayerische Verwaltungsgerichtshof stoppte diesen Wahnsinn aufgrund einer Klage des Hauseigentümers.

Beamte sind die Totengräber der Gewerbetriebe. Mit der Erhöhung der Gewerbesteuer jagen sie die Einzelhändler aus den Innenstädten. Beispiel Wiesbaden: Bisher wurden die Einnahmen besteuert, die Unternehmen zahlten auf ihren Gewinn Gewerbesteuer. Nun hat Wiesbaden die Gier einer Bananenrepublik entwickelt und besteuert – bitte drei mal lesen – auch die Kosten für Miete, Pacht und Leasing. Entsprechend höher fällt die Gewerbesteuer aus. Dieser Wahnsinn treibt den Einzelhandel in den Ruin. Wer durch Wiesbaden geht, trifft auf immer mehr leere Läden. Ludwig Görtz, der 220 Filialen zwischen Hamburg und München betreibt, fühlt sich von der Politik verschaukelt. Er vergleicht die neue Gewerbesteuer am Fall von Lieschen Müller, die ein Einkommen bezieht und nun nicht nur die reguläre Lohnsteuer auf ihre Lohn zahlen soll, sondern als Bemessungsgrundlage die Miete zum Lohn hinzugerechnet würde und dieser Betrag dann zu versteuern wäre.[46] Görtz: „Das kann man ihr nicht klarmachen, das versteht auch keiner, das ist völlig unsinnig."[47]

Günther Nold, der Geschäftsführer von Schuh-Fink, zahlt 40.000 Euro Miete für seine Filiale in der Wiesbadener Innenstadt. Nun stellt er fest: „Diese Unternehmenssteuerreform ist für uns ein einziger Witz. Wir werden eine Steuerbelastung haben, die jede Grenze sprengt. Statt bisher 65 Prozent werden wir in Zukunft 120 Prozent Steuerbelastung haben. Gesamtsteuerbelastung wohlgemerkt. Das bedeutet, dass ich im Zweifelsfall für die 20 Prozent über 100 zur Bank gehen muss und muss mir dafür ein Darlehen holen, um die Steuern zu bezahlen."[48] Ein Bekleidungsgeschäft in Wiesbaden zahlte bisher 70 Prozent Steuern, nun sollen es 114 Prozent sein. Ein Einrichtungshaus mit großer Verkaufsfläche führte bislang 46 Prozent vom Gewinn ab, jetzt sollen es 133 Prozent sein.[49] Mehr Steuern als Gewinn – noch nicht einmal eine Bananenrepublik käme auf eine solche Idee. Es ist anzunehmen, dass sich die erhofften Steuermehreinnahmen der Städte am Ende als Luftnummer erweisen und die irrsinnigen Gewerbesteuererhöhungen zu Steuermindereinnahmen führen werden. Jeder einzelne Beamte, der solche Vorgänge zu verantworten hat, sollte für die Schäden persönlich haften. Vielleicht werden auch Beamte einmal begreifen, dass 46 Prozent des Gewinns besser ist als 133 Prozent von nichts.

---

[46] vgl. „Steuer-Desaster – Wie der Einzelhandel aus der Innenstadt getrieben wird", gesendet in der TV-Sendung „Plusminus" (Das Erste) vom 13. 11.2007, Autor: Steffen Clement
[47] zit. nach ebd.
[48] zit. nach ebd.
[49] vgl. ebd.

Auch die Ordnungsämter sind Irrenhäuser. Betriebe werden insolvent dank Ordnungsamt. Ein Beispiel ist der Fahrradladen „Pro Velo" in Witten an der Ruhr. Dort betreibt der gelernte Elektroanlageninstallateur Thomas Kiepul seit 15 Jahren seinen Laden. Die Kunden sind zufrieden und kommen immer wieder. Er wagte den Schritt in die Selbständigkeit, nachdem er arbeitslos geworden war und zahlt jetzt Steuern, statt Stütze vom Staat zu kassieren. Doch weil Thoams Kiepul Fahrräder nicht nur verkauft, sondern auch repariert, macht ihm das Ordnungsamt Probleme. Das Bananenamt hebt den Verdacht, dass der fleißige Bürger ein „unerlaubtes Zweiradmechanikerhandwerk" betreibt. Dazu wäre ein Meisterbrief nötig. Nun verlangte das Amt den Ladenbesitzer auf, offen zu legen, wie viel Umsatz er mit Fahrradreparaturen macht. Kiepul reagierte auf diesen Unfug nicht und erhielt prompt einen Bußgeldbescheid der Bananenstadt Witten in Höhe von 500 Euro. Doch der Ladenbesitzer kann nicht bezahlen, denn er ist schon froh, wenn er seine Ladenmiete erwirtschaften kann. Jetzt wird Kiepul Erzwingungshaft von 10 Tagen angedroht. Der Ladeninhaber soll ins Gefängnis.[50] Sein Geschäft wäre damit am Ende. Nochmals für diejenigen, die sich ungläubig die Augen reiben: Ein Mann, der sich durch Eigeninitiative aus der Arbeitslosigkeit befreit hat, wird jetzt durch den Amtsschimmel in den Ruin getrieben.

Die Ordnungsämter sind noch zu ganz anderem Irrsinn fähig. Eine Prostituierte, die auf dem Autobahnparkplatz „Bärental" an der B1

---

[50] vgl. „Verfolgte Kleinunternehmer" in: Frontal 21 (ZDF), Sendung vom 22.09.2009, Autor: Hans Koberstein

bei Detmold (NRW) völlig unauffällig ihre Dienste anbietet, erhielt vom zuständigen Ordnungsamt einen Bußgeldbescheid in Höhe von 300 Euro plus 21,10 Euro Gebühr mit der Begründung, sie würde den Verkehr stören. Dabei ist das, was sie da tut, doch eher verkehrsberuhigend.[51] Dieser Fall ist so einer, wo man Beamte an die Wand klatschen möchte.

Berlin beschäftigt je 1000 Einwohner 94 öffentlich Bedienstete, Hamburg 72, Mecklenburg-Vorpommern 70. Ein nicht nur extrem teurer, sondern auch völlig überzogener Luxus. Der frühere Bundeswirtschaftsminister Wolfgang Clement präsentierte im Oktober 2009 die längst überfällige Idee der „Entbeamtung" unseres öffentlichen Dienstes: „In keinem unserer Nachbarländer werden Lehrerinnen und Lehrer, zumal Hochschullehrer noch verbeamtet. Es ist dringend geboten, auch hierzulande ein einheitliches öffentliches Dienstrecht einzuführen, natürlich mit besonderen Loyalitäts- und Fürsorgepflichten in den sicherheitsrelevanten Bereichen. Es ist machbar. Man muss es nur wollen und mit einer Grundgesetzänderung sicherstellen, dass im Bund, in den Ländern und Kommunen keine Beamten mehr eingestellt werden müssen. So nimmt man künftigen Generationen die ansonsten drohenden gewaltigen Pensionslasten von den Schultern."[52]

Ein Beamter, der zu keinem Zeitpunkt Rentenbeiträge zahlt, kassiert viereinhalb mal so viel „Ruhgeld" wie ein vergleichbarer,

---

[51] vgl. Brekenkampp, Markus: „Knöllchen auf dem Straßenstrich", in: www.bild.de vom 31. Oktober 2009
[52] Clement Wolfgang: „Spar-Tipps für die neue Regierung", in: www.welt.de vom 10.10.2009

durchschnittsverdienender Normalbürger. Das Beispiel: Ein verheirateter Gewerbelehrer geht nach 42 Jahren in den Ruhestand. Sein letztes Gehalt beträgt 3.723,16 Euro. Als Pensionär bekommt er 2.816 Euro im Monat. Der Angestellte bekommt bei gleichem Einkommensverlauf und Renteneintritt 1.674,57 Euro Rente. Statistisch gesehen haben Rentner bzw. Pensionär ab dem Ruhestand noch 16,5 Jahre zu leben. Der Pensionär würde in dieser Zeit bei gleich bleibendem Ruhegehalt dann insgesamt 576.870 Euro Pension erhalten – ohne dafür je einen Cent Beitrag gezahlt zu haben. Der Angestellte würde nach Abzug seiner Beiträge in dieser Zeit nur 130.777 Euro bekommen. Ergebnis: Die Pension fällt fast viereinhalb Mal so hoch aus wie die Rente.[53] Die Deutschen nehmen es klaglos hin. Bananenrepublik Deutschland.

Das Parlament:
Ein Selbstbedienungsladen der Mittelmäßigen

Das Parlament ist zum Selbstbedienungsladen verkommen, die Abgeordneten zu reinen Spesenrittern. Die politische Klasse ist nur für sich selbst da. Ihre eigentlichen, grundgesetzlichen Aufgaben verkommen dabei zur Nebensache.

Der Bundestag droht zum Vollstrecker Brüsseler Bürokratie zu werden. In der 15. Wahlperiode waren 43 Prozent aller Gesetze europäischen Ursprungs, selbst bei der Gesetzesflut der Großen Koalition in der 16. Wahlperiode waren es noch 31 Prozent. Das

---

[53] vgl. „Beamte hängen Rentner ab", in: www.bild.de 20.08.2008.

Parlament degeneriert damit zum Potemkischen Dorf, in welchem die Mitwirkungrechte und Weichenstellungen für die Zukunft nicht mehr wahrgenommen werden.[54] Das Urteil des Bundesverfassungsgerichts zum Vertrag von Lissabon war in dieser Hinsicht sehr hilfreich. Er stärkt die politischen Einflussmöglichkeiten des Bundestages und des deutschen Wählers. Was allerdings fehlt, sind die Parteien, die diesen Einfluss auch ausüben.

„Ein Staat, der binnen einer Woche den Banken 480 Milliarden Euro zur Verfügung stellt, führt sich selbst ad absurdum, wenn er bei den öffentlichen Investitionen knausert, die seine Zukunft gestalten."[55]

Der nächste Bundestag dürfte die Steuerzahler fast 50 Millionen Euro extra kosten, weil die Zahl der Abgeordneten durch „Überhangmandate" angestiegen ist. Dies schätzt der Parteienexperte Prof. Joachim Behnke.[56]

Zum Auftakt der neuen Legislaturperiode hatte Bundestagspräsident Norbert Lammert die Parlamentarier nachdrücklich zum selbstbewussten Auftreten gegenüber der Regierung aufgefordert. „Nicht die Regierung hält sich ein Parlament, sondern das Parlament bestimmt und kontrolliert die Regierung", erklärte Lammert naiv bei der konstituierenden Sitzung

---

[54] vgl. Huber, Peter M.: „Wer das Sagen hat", in: Frankfurter Allgemeine Zeitung vom 10.09.2009, S. 8
[55] Gregor Gysi im Interview mit DER SPIEGEL 28/2009, S. 32.
[56] vgl. „Bundestag kostet bis zu 50 Millionen Euro mehr", in: BILD vom 21.08.2009

des 17. Deutschen Bundestages. Das ist ein Aberwitz, denn die Abgeordneten sind in ihren Entscheidungen nicht tatsächlich frei.

Die Parteien: Wegbereiter des Wahnsinns

Mitten in der größten Wirtschaftskrise der Geschichte der Bundesrepublik Deutschland wurde ein schizophrener Wahlkampf geführt. Die politischen Akteure lügen, dass sich die Balken biegen. Die Parteien versprechen, die Steuern nicht zu erhöhen, ja sie sogar zu senken, obwohl sie wissen, dass sie das Gegenteil tun werden, denn an Steuererhöhungen wird kein Weg vorbeiführen.[57]

60 Millionen Euro haben die Parteien für den Bundestagswahlkampf 2009 ausgegeben. Dabei war dieser so langweilig, so banal wie keine andere Wahl jemals zuvor. Dabei sollte und könnte jede Wahl die spannendste und kreativste Phase der Legislaturperiode sein. Doch im Kampf und die Aufmerksamkeit der Wähler haben unsere Politiker keine Ideen. „Die Demokratie in Deutschland leidet an der Faulheit ihrer Teilnehmer."[58] Interviews mit Spitzenpolitikern konnten die Interviewer ebenso wie Zuhörer oder Leser in den Wahnsinn treiben, die Volksverdummung war überall: Verstecken, Vernebeln, nur nebulöse Andeutungen, nichts preisgeben, den Wähler stets als Dummkopf behandeln. Bananenrepublik Deutschland.

---

[57] vgl. Die Steuerschwindler, stern 28/2009, S 69
[58] Feldenkirchen, Markus: „Mehr Papier wagen", in: DER SPIEGEL 33/2009, S. 29.

Bedingt durch die Große Koalition fanden ernsthafte, strittige Debatten überhaupt nicht statt. Warum? „Die Parteien fürchten vor allem eines: die Wahrheit."[59] So wurde beispielsweise das Reizthema Afghanistan erst gar nicht erörtert, obwohl feststeht: „Dieser Einsatz ist ein Desaster. Für die Nato, für Deutschland und die Soldaten, die am Hindukusch sterben."[60] Statt dessen wurden derartige wichtige Themen einfach vermieden, auch von der Opposition. Bei der Verhinderung von Wahrheiten und Inhalten gingen und gehen alle Parteien sehr gewissenhaft vor.

Gegen die Politikverdrossenheit ist anscheinend kein Kraut gewachsen. Wie man sich dagegen stemmen könnte, demonstrierte der Komiker Hape Kerkeling alias Horst Schlämmer. Mit seiner fiktiven HSP (Horst Schlämmer Partei) aus dem Film „Isch kandidiere!" hat Kerkeling „die real existierenden Parteien offenbar derart paralysiert, dass sie vor Schreck dem Wahlkampf vergessen haben. Horst dagegen dampft durch alle Gassen."[61] Es ist ganz einfach: „Der Kandidat rülpst. Das Volk jubelt. Man fleht um Autogramme."[62]

Da konnte sich auch „Bild" nicht mehr zurückhalten und lies 21.000 Leser abstimmen, wen sie unter 5 Kandidaten zum Bundeskanzler wählen würden. Zu Wahl standen Schlämmer (Kerkeling), Günther Jauch, Franz Beckenbauer, Heidi Klum und Thomas Gottschalk. 47

---

[59] „Hang zum Heimlichen", in: DER SPIEGEL 34/2009, S. 24.
[60] Der ehemalige Verteidigungsminister Volker Rühe (CDU) im Interview in: DER SPIEGEL 34/2009, S. 18
[61] Schindler, Jörg: „Horsts willige Vollstrecker. Wie der Gestaltwandler Kerkeling mit Hilfe von Politikern die Politik verhohnepipelt", in: Frankfurter Rundschau vom 19.08.2009, S. 27.
[62] ebd.

Prozent der Leser wollen demnach Schlämmer als Kanzler, gefolgt von Günther Jauch (35 Prozent), Beckenbauer (9 Prozent), Heidi Klum (5 Prozent) und Gottschalk (4 Prozent).[63] Schon zuvor wurde durch das Forsa-Institut im Auftrag des „stern" völlig seriös ermittelt, dass sich 18 Prozent der Deutschen vorstellen können, die fiktive HSP zu wählen.[64] Die Grevenbroicher CDU-Bürgermeister-Kandidatin Ursula Kwasny (56) fand die Kerkeling-Figur so überzeugend, dass sie gleich eine Anzeigenwerbung schaltete, in der sie sich gemeinsam mit Horst Schlämmer abbilden lies. Die Produktionsfirma des Films protestierte. Bei der Präsentation von „Isch kandidiere!" in Berlin ist dann auch reihenweise die Politprominenz aufgelaufen um vom Glanz des Kandidaten Schlämmer alias Kerkeling etwas abzubekommen. Die Parteien machen sich damit zum Wegbereiter des Wahnsinns. „Der Wertekanon der traditionellen Linken ist genau so verantwortlich für die gesellschaftliche intellektuelle Stagnation wie der konservative."[65]

Die Parteienfinanzierung ist ein einziges Verbrechen. 133 Millionen Euro Steuergeld steht den Parteien insgesamt zur Verfügung. Holt eine Partei mehr als 0,5 Prozent der Stimmen, wird jede Zweitstimme jährlich mit 85 Cent honoriert, ab vier Millionen Stimmen mit 70 Cent.

---

[63] vgl. Geisler, Sebastian: „BILD.de-Leser wollen Schlämmer als Kanzler", in www.bild.de vom 17.08.2009
[64] „18 Prozent würden Horst-Schlämmer-Partei wählen", Meldung der Associated Press vom 12.08.2009
[65] Daniel Cohn-Bendit im Interview in: Die Tageszeitung vom 19./20. 09. 09., S. 3.

Sehr effektiv sind die Parteien allerdings dann, wenn es darum geht, reale Konkurrenz auszuschalten. Der Bundeswahlausschuss hat mehrere Parteien nicht zur Bundestagswahl 2009 zugelassen. Die Aberkennung der Parteieigenschaft der „Grauen", der Satire-Partei „Die Partei" oder der „Freien Union" beruhte nach Ansicht des Parteienrechtsexperten Martin Morlock „auf der Grundlage falscher Annahmen".[66] So habe der Ausschuss bei der Ablehnung der „Freien Union" den „wesentlichen rechtlichen Aspekt überhaupt nicht diskutiert."[67]

Die CDU: Die Partei des Kasino-Kapitalismus

Die CDU wird, gemeinsam mit der FDP, frisches Geld für das „Kasino" bereitstellen, den Zockern unter den Bankern und Unternehmern. Die ohnehin schon arg gebeutelten Steuerzahler werden die Folgen dieses Desasters zu tragen haben. Die so genannten Leistungsträger werden mehr zahlen als die existenziell von Armut und Krise betroffenen. Die CDU wird – flankiert von der FDP – das ganz große Rad drehen wollen in dem Irrglauben, dass der Kapitalismus gut für die Menschheit sei.

Die Umverteilung von unten nach oben wird zum Marktradikalismus führen und die sozialen Nöte werden sich dramatisch auswirken. 2013 wird dann die nächste Regierung, vermutlich eine rot-rot-grüne Koalition, die verheerenden

---

[66] „Partei-Anerkennung abschaffen", in: DER SPIEGEL, 33/2009, S. 14.
[67] ebd.

Auswirkungen der schwarz-gelben Legislatur wieder reparieren muss. Das wird äußerst schwierig.

Im Bundestagswahlkampf 2009 hat sich die CDU hinter nebulösen Formulierungen in ihrem Wahlprogramm versteckt. Selbst CDU-Abgeordnete die ich befragt habe, konnten mit wahnsinnigen Formulierungen wie „Für Kreditzusagen an eine nicht konsolidierte Zweckgesellschaft müssen grundsätzlich die gleichen Eigenkapitalvorschriften gelten wie für Aktiva vergleichbaren Risikos in der Bilanz"[68] nichts anfangen. Der Wähler muss hilflos kapitulieren. Wie weltfremd die CDU ist, wird damit deutlich.

Die SPD: Die zerschundene Partei

Die SPD war der Verlierer der Großen Koalition. Trotz einer überwiegend guten Ministerriege war ihr Einfluss gering. Als Juniorpartner wurde sie zu oft an den Rand gedrängt. Man befand sich nicht auf Augenhöhe. Dabei hätte die SPD nach der Bundestagswahl 2009 den Bundeskanzler stellen können. Mit richtig plazierten Themen wie „Raus aus Afghanistan" (Bundeswehr bombardiert Zivilisten – das machen wir nicht länger mit) oder „CDU-Regierung beeinflusste Gorleben-Gutachten und spielte Sicherheitsrisiken herunter" (Lebensgefahr für die Bürger) oder „katastrophale Entwicklung auf dem Arbeitsmarkt" (Kanzlerin spricht von 3 Millionen Arbeitslosen, tatsächlich sind es fünf Millionen) oder „Schwarz-Gelb will von unten nach oben

---

[68] zit. aus dem CDU-Wahlprogramm zur Bundestagswahl 2009

umverteilen" (Die Nöte der Armen und von der Krise Betroffenen sind unser Anliegen) wäre die Wahl zu Gunsten der SPD entschieden worden. Gibt es bessere Wahlkampfmunition? Die unfähigen, saublöden Strategen im Willy-Brandt-Haus hätten damit vier Wochen vor der Wahl das Blatt wenden können. Sie hätten klarmachen müssen, dass Deutschland ökonomisch und ökologisch an die Wand fahren wird, wenn sich die Wähler für den Marktradikalismus von CDU und FDP entscheiden. Doch weit gefehlt, am 27. September 2009 sind der SPD zehn Millionen Wähler davongelaufen.

Jetzt regiert Schwarz-Gelb mit einer Mehrheit aus 27 Überhangmandaten, also mit einer „geklauten Mehrheit". Das Bundesverfassungsgericht hat diese Praxis zwar für verfassungswidrig erklärt aber eine Frist bis 2011 gesetzt, dies zu ändern. Dem Gesetzentwurf der Grünen im Juli 2008 zur Beseitigung der verfassungswidrigen Überhangmandate hat die SPD nicht zugestimmt. „Gut möglich also, dass die SPD im Juli ihren eigenen Untergang beschlossen hat"[69]

Mit Sigmar Gabriel, der am 13. November 2009 nach einer beachtenswerten Rede mit 94,2 Prozent als neuer Parteichef gewählt wurde und Andrea Nahles als neuer Generalsekretärin wird Fraktionschef Frank Steinmeier kein leichtes Spiel haben. Gabriel und Nahles sind ein „letztes Aufgebot"[70] Alles ist offen.

---

[69] Jörges, Hans-Ulrich: „Demokratisch nicht lupenrein", Der Zwischenruf aus Berlin, in: stern 40/2009, S. 50
[70] „SPD: Letztes Aufgebot", in: DER SPIEGEL Nr. 45/2009, S. 34 ff.

SPD-Fraktionsvize Joachim Poß bringt es auf den Punkt: „Die SPD hat nur noch einen Schuss frei."[71] Die Sozialdemokraten können jetzt in der Opposition richtig vom Leder ziehen, denn sie müssen jetzt keine faulen Kompromisse mehr machen. Ihr Motto muss ab 2010 lauten: Ab geht die Post, jetzt geht's los! Kapieren sie das nicht, werden sie zur Luftnummer.

Die FDP: Die Partei des Neoliberalismus

Die FDP wird in Regierungsverantwortung für einen neoliberalen Supergau sorgen. Die radikale Neoliberalisierung ist das Projekt der FDP. Im sozialen Bereich wird sie eine Umverteilung von unten nach oben betreiben. Der Marktradikalismus wird befördert. Das Hohelied auf die „Leistungsträger" wird angestimmt, welches beinhaltet, die Eigenvorsorge bei Gesundheit, Arbeitslosigkeit und Rente zu erhöhen. Wer das alles nicht bezahlen und somit nicht vorsorgen kann, ist selber schuld.[72]

Die FDP beleidigt Arbeitslose. Westerwelles Credo: „Es gibt kein Recht auf staatlich bezahlte Faulheit"[73] zeigt die menschenverachtende Einstellung gegenüber denen, die Arbeit suchen. Und das sind in Deutschland mindestens fünf Millionen Menschen.

---

[71] „Die SPD hat nur noch einen Schuss frei", in: Frankfurter Rundschau vom 1. Oktober 2009, S. 7
[72] vgl. Mängel, Anett: „Wird Schwarz-gelb wirklich so schlimm?", in: Die Tageszeitung vom 19.09.2009, S. 13
[73] zit. nach: Zitat der Woche, in: stern 38/2009, S. 27

Völlig unverständlich formulierte die FDP ihr Wahlprogramm. Beispiel: „Der konsequente Weg zur Aufdeckung von Ineffizienzen bei der Erhebung von Netzentgelten wird weiterverfolgt und eine weitergehende Entflechtung der Energienetze angestrebt."[74] Der Wähler muss angesichts solcher Formulierungen verzweifeln und die FDP erweist sich damit als eine Nebelmaschine. Gleiches gilt für den Slogan „Arbeit muss sich wieder lohnen". Eine Luftnummer. „Nix gegen FDP-Wähler, ich kenne viele nette und kluge Mitmenschen dieser seltsam schizophrenen Spezies, aber ein FDP-Wähler, der auf Arbeit angewiesen ist, der macht was falsch."[75] Denn Arbeit soll sich ja wieder lohnen, und Arbeit für den Hungerlohn von 1,50 Euro pro Stunde lohnt sich ja wirklich nicht.

Guido Westerwelle ist seit der Bundestagswahl völlig von der Rolle. Er benimmt sich wie ein Elefant im Porzellanladen. Sei es das stillose Abkanzeln des BBC-Reporters in der Pressekonferenz am 28. September 2009, der eine Frage in englisch gestellt hatte, sei es das hilflose, lächerliche Ausweichen auf Fragen in der Pressekonferenz am 1. Oktober 2009. Geradezu blöde antwortet er einem Journalisten, der ihn nach Inhalten und Zielen der FDP bei den Koalitionsverhandlungen fragte: „Man beantwortet nicht jede Frage, wenn sie einem gestellt wird, sondern erst, wenn sie sich stellt."[76] Fragen, die er noch vor der Bundestagwahl täglich jederzeit gerne, gierig und weitschweifig beantwortet hatte, sind ihm jetzt höchst

---

[74] zit. aus dem FDP-Wahlprogramm zur Bundestagswahl 2009.
[75] Reis, Thomas: „Der reine Wahnsinn", in: Frankfurter Rundschau vom 01.10.2009, S. 9
[76] zit. aus der Pressekonferenz Westerwelles vom 1. Oktober 2009 in Berlin

unangenehm. Westerwelle zeigt damit, dass er völlig unfähig ist, Deutschland in Deutschland und in der Welt zu vertreten.

Inzwischen hat es „das ergraute Wunderküken der freien Spaßpartei doch noch an die Fleischtöpfe der Macht geschafft."[77] Doch Westerwelle wird 2010 entzaubert. Seine gewaltigen Wahlversprechen kann er nicht einlösen. Seine überall gelobte Rhetorik wird als ein Sammelsurium von Sprechblasen entlarvt. Die FDP wird dadurch an Glanz verlieren. Und tatsächlich: Union und FDP regierten erst wenige Tage zusammen, schon erhielten die Liberalen einen Dämpfer. Während CDU und CSU in den Umfragen zulegen, verlor die FDP gleich einmal drei Prozentpunkte.[78] Klar, denn die FDP redet nach der Wahl anders als vor der Wahl. Niemand in der FDP verlangt mehr, überflüssige Ministerämter und überflüssige Staatsministerposten abzuschaffen, denn jetzt besetzen sie diese Ämter selbst. Erbärmliche Lügner und Wahlbetrüger.

Der FDP steht eine schwere Zukunft bevor. Alle wichtigen Parteistrategen sind in die Ministerien abgewandert, sie wurden mit Pöstchen belohnt. Nun fehlen sie in der Parteizentrale und in der Fraktion. Bei der Generalaussprache zur Regierungserklärung am 10. November 2009 trat erstmals die neue Fraktionsvorsitzende Birgit Homburger ans Rednerpult im Bundestag. Sie war zwar redlich bemüht, rhetorisch konnte sie Westerwelle aber nicht ersetzen. Er hat die FDP völlig auf seine Person abgerichtet, keine wichtige Entscheidung ergeht ohne seine Zustimmung. Nun ist er

---

[77] ebd.
[78] Umfrageergebnisse des ZDF-Politbarometer vom 30. Oktober 2009

aber fast immer „außer Haus" und seine Vertrauten sitzen in den Ministerien. Es besteht bereits jetzt ein Entscheidungsstau, gleichzeitig hat die CDU ein Sperrfeuer gegen die Abmachungen im Koalitionsvertrag eröffnet.[79]

Die Linken: Die Klassenkämpfer

Die Partei "Die Linke" vertritt klassische linke Ideen, klassische linke Politik. Einige ihrer politischen Grundsätze, etwa in der Europa- und Außenpolitik, sind wenig konsensfähig. Sie lähmen ihre Koalitionsfähigkeit im Bundestag. Die Linke muss einige ihrer Positionen umlenken und letztlich beseitigen.

Die Linke wurde stark durch ihrem Protest gegen die Politik der SPD, gegen die Agenda 2010. Trotzdem sollten die beiden Parteien miteinander reden. Dies bietet sich jetzt nach der Bundestagswahl 2009 an, nachdem sich die SPD neu aufgestellt hat. Genau genommen muss man die beiden Parteien zusammenrechnen, dann ergibt sich wieder die Größe der früheren SPD.

Vieles, für das die Linken stehen, kann ich unterschreiben. Sie haben einige hervorragende Politiker aufzuweisen, allen voran Gregor Gysi. Doch sie müssen so schnell wie möglich auch im Bund politisch salonfähig werden. Das geht nicht mit Klassenkampf, denn mit Klassenkampf spaltet man die Gesellschaft. Das geht auch nicht

---

[79] vgl. Jungholt, Thorsten: „Parteichef außer Haus", in: Welt am Sonntag Nr. 45 vom 08.11.2009. S.5.

mit bedingungslosem Pazifismus, speziell dann nicht, wenn man dabei auf einem Auge blind ist.

Ein Vertreter der Linken nahm als offizieller Gast am Bundesparteitag der SPD vom 13. bis 15. November 2009 in Dresden teil. Die Fraktionsvorsitzenden der Linken haben erstmal eine entsprechende Einladung der SPD erhalten. Wenn das keine Annäherung ist.

Die Grünen: Die neuen Opportunisten

Die Grünen müssten den Wählern deutlicher erklären, dass die Welt in den Abgrund stürzt, wenn die Klimaprobleme in den nächsten Jahren nicht gelöst werden. Damit kann sich die grüne Partei glaubhaft präsentieren, denn sie haben auf diesem Gebiet bereits einiges bewegt. Ökologie ist zwar nicht alles – doch es ist die Kernkompetenz der Partei, mit der sie punkten kann.

Ansonsten entwickeln sich die Grünen nach der Bundestagswahl 2009 zu reinen Opportunisten. Sie gehen Bündnisse mit der CDU ein. Dies ist an sich kein Tabu, aber speziell im Saarland ist das besonders merkwürdig. Der saarländische Ministerpräsident Peter Müller (CDU) hat in der Debatte um sittenwidrige Löhne eine gesetzliche Lohnuntergrenze von 4,50 Euro ins Spiel gebracht. Hierzu hätte man einen Aufschrei der Grünen erwartet, ja die Drohung, die Koalitionsgespräche platzen zu lassen. Aber die Machtergreifung ist wichtiger als ein menschenwürdiger Lohn, auch bei den Grünen im Saarland. Der Aufschrei kam nicht. Vielleicht hat dies damit zu tun, dass es zwischen dem grünen Landesvorsitzenden Hubert Ulrich, dem Architekten von Jamaika an der Saar, und der FDP eine besondere Beziehung gibt. Ulrich ist seit 2001 "Marketingleiter" beim IT-Beratungshaus Think & Solve GmbH in Saarbrücken. Einer der Gesellschafter von Think & Solve ist Hartmut Ostermann, FDP-Kreisvorsitzender in Saarbrücken. Er ist also Arbeitgeber Ulrichs.

Die Grünen wissen, schwarz-grün könnte die Zukunft sein, denn ein Viertel der Unionswähler würde eine solche Koalition schwarz-gelb vorziehen. Im Juli 2009 kamen Union und Grüne gemeinsam immerhin schon auf 47 Prozent. Es gibt verbindende Themen zwischen Schwarzen und Grünen, beispielsweise in der Familienpolitik, sozialer Ordnungspolitik und bei der Ablehnung von so genannten Rettungsschirmen. Das Dilemma: Einerseits könnten linke Grünen-Wähler zur Linken oder zur SPD überlaufen. Andererseits ist grüne Politik in der Mitte angekommen. Wenn die Wähler diese Option erst einmal verinnerlicht haben, vielleicht in 4 Jahren, könnten sie diese Idee mit ihren Stimmen befördern. Für eine kraftvolle rot-grün-rote-Opposition in Berlin ist das nicht besonders hilfreich. Da hilft es auch nicht, wenn Jürgen Trittin schimpft „Wir wollen Schwarz-Gelb in NRW beenden. Dabei hilft das Saarland nicht" und obwohl Claudia Roth verspricht „Jamaika bleibt in der Karibik", wird in Saarbrücken künftig Raggae gespielt. Jamaika an der Saar ist erst der Anfang, Wodurch man die Grünen in Zukunft erkennen wird, ist erkennbar: Nach allen Seiten offen.

Die Abgeordneten:
Eine Hydra der Arroganz und Inkompetenz

Dass der Bürger seine Volksvertreter selbst wählen kann, ist ein lang erkämpftes demokratisches Grundrecht. Die deutsche Verfassung schreibt eine freie Wahl der Abgeordneten sogar ausdrücklich vor. Doch „die politische Klasse hat unser Wahlsystem in eigener Sache derart pervertiert, dass die meisten Abgeordneten gar nicht mehr vom Volk gewählt werden, wie es das Grundgesetz verlangt. Wen die Parteien auf sichere Plätze setzen ... der ist praktisch schon gewählt, bloß eben nicht von den Bürgern."[80] So kommt ein Wahlkreisabgeordneter, der in seinem Wahlkreis nach demokratischen Grundsätzen die Wahl verliert, trotzdem ins Parlament. So betrügen die Parteien ihre Wähler. Warum also, so fragt sich mancher Bürger, soll ich dann überhaupt noch zur Wahl gehen? So ist die Bundestagswahl in Deutschland in Wirklichkeit also nur ein „inszeniertes Scheingefecht."[81]

Ein Bundestagsabgeordneter verdient 7668 Euro brutto[82] plus 3868 Euro „Kostenpauschale". Hinzu kommen Zulagen für Funktionen in der Fraktion und in Ausschüssen sowie jede Menge Einnahmen aus Nebentätigkeiten in Aufsichtsräten, Vorständen, Verwaltungs-räten. So kommen leicht 20.000 Euro Monatseinnahmen zusammen. Das ist zu viel für die Nichtsnutze dieser Republik. Zum Vergleich.

---

[80] von Arnim, Hans Herbert: „Die Deutschland-Akte, Was Politiker und Wirtschaftsbosse unserem Land antun", München 2008, S. 42.
[81] ebd., S. 43
[82] Die Fraktionsvorsitzenden bekommen „doppelte Diät" in Höhe von 15336 Euro.

Ein Saaldiener (42) im Bundestag erhält 2300 Euro brutto und ein Polizeihauptmeister (53) verdient brutto 2800 Euro. Der EU-Abgeordnete Jo Leinen (SPD) kassiert neben seiner Diät in Höhe von 7665 Euro plus Zulagen gleichzeitig 7100 Euro Pension als Ex-Minister im Saarland. Diese schamlose Abzockerei ist parteiübergreifend, denn auch die EU-Abgeordneten Doris Pack (CDU), Birgit Schnieber-Jastram (CDU) und Michael Theurer (FDP) kassieren zweimal. Diese Doppelbezahlung ist möglich, weil das perverse neue EU-Abgeordnetenrecht keine Anrechnung nationaler Pensionen vorsieht. Die Europäische Union ist also nicht anderes als eine Bananenunion.

Nach vier Jahren im Bundestag erhält ein Abgeordneter bereits 767 Euro Pension. Diese erhöht sich nach weiteren Jahren bis auf 5176 Euro, und dies, ohne jemals einen Cent für die Altersversorgung einsetzen zu müssen. Zum Vergleich: Eine Durchschnittsrentnerin erhält 479 Euro Rente, ein Durchschnittsrentner muss nach seinem gesamten Arbeitsleben mit 990 Euro Rente auskommen. Ein Minister erhält nach vier Jahren 3567 Euro Ruhegehalt, nach acht Jahren 4798 Euro.[83] Das alles sind Merkmale einer Bananenrepublik, wo die Regierenden das Volk missachten und verachten. Im Land der Phlegmatiker, Deutschland, regt sich niemand darüber auf. Kein Protest kommt auf.

Die Parlamentarier werfen die Steuern hemmungslos mit vollen Händen zum Fenster hinaus. Damit sind noch nicht einmal die

---

[83] vgl. „Was Politiker wirklich verdienen", in: stern 36/2009, S. 36.

Dienstwagenaffären oder Bonusmeilenaffären gemeint. Schlimmer ist beispielsweise, dass den Abgeordneten bei Inlandsreisen ebenso großzügig wie unnötig Business-Class-Tickets erstattet werden, die den Steuerzahler pro Jahr mehr als sechs Millionen Euro kosten. Der Steuerzahlerbund hat die jährlichen Kosten eines Abgeordneten auf 400.000 Euro beziffert.[84] Was ein Abgeordneter als Gegenleistung abliefert, ist völlig unzureichend. Das Niveau der Abgeordneten ist erbärmlich. Sie sind fast alle austauschbar. Wo bleibt die Qualitätsprüfung, das TÜV-Siegel für Abgeordnete? Reicht es schon aus, schwul, abnorm, einseitig, weltfremd, Gewerkschafter oder Beamter zu sein, um Bundestagskandidat zu werden? Im neu gewählten, 17. Deutschen Bundestag sitzen auch tatsächlich überwiegend Beamte, Lehrer und Gewerkschafter. Hinzu kommen jede Menge Juristen. Das ist wahrlich kein Spiegelbild unserer Gesellschaft. Und das sollte der Bundestag eigentlich sein.

Die Leere, die Inhaltslosigkeit der Parlamentarier ist offensichtlich und vielleicht Voraussetzung für politischen Erfolg. Wer viel weiß, neigt zu Überzeugungen, zu Worten mit Anspruch auf Gültigkeit. Wer aber Verantwortung übernimmt, der braucht undeutliche Formulierungen, keine Festlegungen, Worte, die er wieder abschütteln kann, sonst muss er sie verantworten und ihnen ständig nacharbeiten.[85] Deshalb sind Abgeordnete oft gehemmt und angepasst. Es sind Personen ohne Eigenschaften, so genannte Unpersönlichkeiten.

---

[84] Bezüge, Zusatzleistungen, Mitarbeiterzuschuss usw.
[85] vgl. „Der Schattenmann", in: DER SPIEGEL 22/2009, S. 71.

Die Damen und Herren Abgeordnete sind Langweiler. So antwortet zum Beispiel der CDU-Abgeordnete und stellvertretende Fraktionsvorsitzende der Union Wolfgang Bosbach im FOCUS-Fragebogen auf die Frage, welche Bücher er loben würde: „Die Bibel. Das Grundgesetz." Auf die Frage nach seiner Lieblingsfigur in der Geschichte antwortet er: „Jesus von Nazareth."[86] Das macht ihn zwar nicht zu einem schlechten Kerl, doch es zeigt, wo man ihn einzuordnen hat: im Nirvana.

Abgeordnete des Deutschen Bundestages überschätzen sich selbst, sie sind abgehoben und arrogant, ja geradezu affig. Das trifft auch auf Mitarbeiter und Referenten zu. Nehmen wir als Beispiel die katholische CDU-Abgeordnete Annette Widmann-Mauz, Assistentin (43) und den katholischen Stadtobersinspektor a.D. Hubert Hüppe (52), der den Wiedereinzug in den Bundestag 2009 verpatzt hat. Dazu nehmen wir Randolph Krüger (SPD) aus Potsdam, Referent im Ausschuss für Gesundheit und soziale Sicherung des Bundestages. Bei einer - vermutlich sinnlosen – „Dienstreise" in die USA und nach Kanada führten sie sich vor deutschen Diplomaten auf wie die Erhabenen. Sie stellten maßlose Ansprüche und schämten sich nicht, ein völlig unakzeptables, derbes Verhalten an den Tag zu legen. Der Generalkonsul in Kalifornien, Rolf Schütte, nennt deren Verhalten diplomatisch „unangemessen bis schikanös".[87]

---

[86] FOCUS Fragebogen. Wolfgang Bosbach, in: Focus 17/2009, S. 154
[87] zit. nach: „Neger gesucht", in: DER SPIEGEL Nr. 34/2008, S. 44.

Was ist vorgefallen? Die professionelle und umsichtige Betreuung der Parlamentarier durch Mitarbeiter des Generalkonsulats in San Francisco war den arroganten Volksvertretern nicht gut genug. „Es war nicht der Standard, den wir gewohnt sind", maulte Anette Widman-Mauz überheblich. Randolph Krüger setzte noch eine Unverschämtheit drauf: „Die Leute vom Konsulat wissen nicht, welchen Service sie für Bundestagsabgeordnete zu leisten haben." Der reklamierte Service bezog sich wohl hauptsächlich um private Aktivitäten in der Freizeit, die Krüger nachhaltig einforderte. Insofern vermisste er „die Zusammenstellung von Theater- und Konzertveranstaltungen sowie einiger Einkaufsmöglichkeiten, insbesondere Schuhgeschäfte". Krüger: „Die Leute wollen sich doch vor Ort etwas ansehen." Hinzu kam die Sache mit dem Rollstuhl, den Krüger für das Delegationsmitglied Widmann-Mauz wegen eines gebrochenen Fußes mehrfach anmahnte. Krüger außerdem: „Wir brauchen einen Neger, der den Rollstuhl schiebt." Wie selbstverständlich wollten sich die hochfliegenden Volksvertreter mit der Sprecherin des Washingtoner Repräsentantenhauses, Nancy Pelosi treffen, der ranghöchsten US-Politikerin. Doch die hatte wegen Haushaltsberatungen keine Zeit. Ein vom Generalkonsulat ersatzweise vorbereitetes Gespräch mit den Vorsitzenden der Ausschüsse für Gesundheit und Transport lehnten die eingebildeten Bundesfatzkes mit ab. Die CDU-Frau: „Wir legen schon Wert auf Augenhöhe."[88] Schließlich bestand Hubert Hüppe am Ende der Reise herrschsüchtig darauf, von einem Mitarbeiter des Generalkonsulates zum Flughafen begleitet zu werden weil er sich

---

[88] jeweils zit. nach ebd.

ohne Englischkenntnisse „hilflos" fühle und „ja immer etwas passieren" könne. Ein Konsularangestellter brachte den CDU-Mann zum Airport und wunderte sich, mit welch gutem Englisch Hüppe einchecken konnte und am Counter auch ein Upgrading verhandelte.[89] Ich schäme mich, von solchen „Volksvertretern" im Ausland „vertreten" zu werden.

Deutsche Parlamentarier sind bescheuert. Sie haben einen Einbürgerungstext entwickelt, abgesegnet und eingeführt, der jeder Beschreibung spottet. Seit dem 1. September 2008 muss grundsätzlich jeder Einbürgerungswillige nachweisen, dass er „Kenntnisse der Rechts- und Gesellschaftsordnung und der Lebensverhältnisse in Deutschland" besitzt. 300 bundeseinheitliche plus zehn länderspezifische Fragen wurden dazu entwickelt. In der Prüfung werden 33 Fragen aus diesem Katalog gestellt, davon müssen mindestens 17 richtig angekreuzt sein. Es werden viele nutzlose Fragen gestellt, etwa bei welcher Behörde man eine Hundesteuermarke beantragt oder wie die Deutschen Karneval feiern.[90] Zur letzteren Frage gäbe es übrigens zig Erklärungen, wenn man sie ernsthaft beantworten würde.

Der SPD-Innenexperte Sebastian Edathy hat herausgefunden, dass 72 der 300 Fragen des Einbürgerungstestes schlicht so fehlerhaft ausgearbeitet sind, dass eine korrekte Beantwortung ausgeschlossen wird, denn sie widerspräche der erwarteten Antwort. So wird

---

[89] vgl. ebd. sowie „Peinlicher Auftritt von Mitarbeiter der Bundestagsverwaltung", in: Der Tagesspiegel vom 18.08.2008 und „Potsdamer Politiker sorgt für Skandal im Ausland" in: www.bild.de vom 18.08.2008
[90] vgl. „Einbürgerungstest – Politiker listet 72 Fehler auf" in: www.welt.de vom 14. 08. 2008

beispielsweise auf die Frage 20, was eine Partei sei, die eine Diktatur errichten wolle, die Antwort „verfassungswidrig" erwartet. Doch tatsächlich ist eine solche Partei „verfassungsfeindlich".[91] Könnte man ihr Verfassungswidrigkeit nachweisen, wäre sie vom Bundesverfassungsgericht aufgelöst. Wie kann man von einem Einbürgerungswilligen erwarten, dass er diesen Irrsinn erkennt und bei einer solchen sprachlichen Nuance, die juristisch aber entscheidend ist, unterscheiden kann?

Gipfel der Blödheit: Selbst einige der Autoren des Tests hatten die fehlerhaften Fragen falsch beantwortet. Eine Korrektur der 72 blöden Fragen ist nicht erfolgt. Das Innenministerium hat den Test per Verordnung in Kraft gesetzt. Die Abgeordneten gingen nicht auf die Barrikaden. Sie haben damit Dummheit zementiert. Die Mehrheit unter ihnen würde bei diesem Test ohnehin durchfallen. Der Einbürgerungstext ist ein Spiegelbild der Blödheit deutscher Abgeordneten.

Die Abgeordneten der Bundesrepublik Deutschland weigern sich beharrlich, Korruption von Abgeordneten unter Strafe zu stellen. Trotz mehrerer internationaler Abkommen, darunter die UN-Konvention gegen Korruption, wollen die Parlamentarier die bestehenden, laxen Vorschriften nicht verschärfen. Die erbärmlichen Damen und Herren Abgeordneten missachten damit gleichzeitig eine Entscheidung des Bundesgerichtshofes, wonach die bisherige

---

[91] vgl. ebd.

Rechtslage[92] eine „praktisch bedeutungslose symbolische Gesetzgebung" sei, die nicht ausreiche „alle strafwürdigen korruptiven Verhaltensweisen zu erfassen." Aus diesem Grund möge der Bundestag für Abhilfe sorgen.[93] 137 andere Länder haben die UN-Konvention bereits ratifiziert. Doch die deutschen Abgeordneten bleiben lieber „legal korrupt". Bananenrepublik Deutschland.

Verschwendung ist gängige Praxis vieler Bundestagsabgeordneten. Ihren Privatbedarf an luxuriösem Büromaterial decken sie aus Steuermitteln. Sie bestellen hemmungslos goldene Füllfederhalter, edle Pilotenkoffer und sogar hochpreisige Staubsauger auf Steuerzahlerkosten. Niemand schreitet dagegen ein.

Die Lösung des dringlichsten Problems Deutschlands, der drohende Kollaps der Sozialsysteme, wäre die wichtigste Aufgabe der Parlamentarier, an der sie Tag und Nacht zu arbeiten hätten, würden sie ihre Aufgabe ernst nehmen. Doch diese gottverdammten Nichtsnutze gehen das Problem nicht an. Die Abgeordneten verdrängen, dass zuerst das Alterssicherungssystem zusammenbrechen wird und sodann der Kollaps der Kranken- und Pflegeversicherung folgt. Stattdessen haben sie das System der Rentengaukelei entwickelt: Anstieg der Beitragssätze, Einführung des Krankenversicherungsbeitrages für Rentner, Abkoppelung der Rentenhöhe von der Bruttolohnentwicklung, Erhöhung des

---

[92] § 108 e des Strafgesetzbuches (Abgeordnetenbestechung)
[93] vgl. Jungholt, Thorsten: „Die Angst der Koalition vor dem Staatsanwalt", in: www.welt.de 17.10.2007.

Renteneintrittsalters sowie jede Menge hinterlistiger Manipulationen. Viele Arbeiter und Angestellte, die 45 Jahre ihre Rentenbeträge entrichtet haben, können nur noch eine Rente in Sozialhilfehöhe erwarten. Die Kanzlerin und ihre Minister verletzten damit täglich ihren Amtseid nach Artikel 56 des Grundgesetzes: „Ich schwöre, dass ich meine Kraft dem Wohl des deutschen Volkes widmen, seinen Nutzen mehren, Schaden von ihm wenden, das Grundgesetz und die Gesetze des Bundes wahren und verteidigen, meine Pflichten gewissenhaft erfüllen und Gerechtigkeit gegen jedermann üben werde." Stattdessen wird im Bundestag eine menschenverachtende Sozialpolitik betrieben.

„Millionen von Rentnern kann man verordnen, dass sie später in Rente gehen sollen. Platzt demografisch nach der gesetzlichen Rente auch die Pflege- und Krankenversicherungsblase, wird spätestens dann klar, dass kein Gesetzgeber Millionen von Kranken und Pflegebedürftigen gesetzlich vorschreiben kann, später weniger krank oder pflegebedürftig zu werden."[94] Die Abgeordneten könnten an Stelle der auch von der neuen schwarz-gelben Regierung praktizierten, menschenverachtenden Sozialpolitik beispielsweise ein Kapitaldeckungsverfahren entwickeln. Ein solcher Systemwechsel ist dringend geboten. Es ist fünf vor zwölf. „Kommt es zu keinem Systemwechsel, erlauben wir den Politikern weiter, uns zu belügen, ist die Altersarmut für breite Bevölkerungsschichten unausweichlich."[95]

---

[94] Klöckner, Bernd W.: „Schaft diese Rente ab!", in: Welt am Sonntag vom 11. November 2007
[95] ebd.

Die Kanzlerin: Eine Geisterfahrerin

Die Kanzlerin genießt bei den Bürgern ein hohes Ansehen. Sehr geholfen haben ihr dabei Ihre vielen internationalen Show-Termine mit US-Präsident Barack Obama und anderen Größen dieser Welt, ihre Auftritte bei den zahlreichen Gipfeln, ihr Auftritt mit dem Dalai Lama usw. usw. Inzwischen wird Angela Merkel als mächtigste Frau der Welt gehandelt.

Doch Angela Merkel (CDU) ist farblos, visionsarm, kraft- und phantasielos, langsam, formalistisch und beratungsresistent. Ihre Arbeitsmontur sind schreckliche Jacketts und Hosen, in denen sie wie eine Ente daherwatschelt. Sie ist kein Motivator, kein Stratege, kein Rhetoriker. Die CDU-Vorsitzende ist auch ausgesprochen feige. Erstmals in der Geschichte der CDU fehlte der Partei der Mut zu einem Wahlparteitag. Merkel wollte keinerlei Diskussionen führen, keine Kritik aufkommen lassen. Erbärmlich für eine Volkspartei. Der Vorwurf der „Konzept- und Richtungslosigkeit", den Frank-Walter Steinmeier im Wahlkampf 2009 gegen Merkel erhoben hatte, war zwar etwas pauschal, aber sicherlich zutreffend. Der SPD-Kanzlerkandidat hätte viel mehr daraus machen können und müssen.

Die CDU hat 2009 das schlechteste Wahlergebnis seit 1949 eingefahren. „Gut 3,8 Millionen Wähler, ein Fünftel ihrer Anhänger, hat die Union seit 2002 eingebüßt, als Edmund Stoiber gegen Gerhard Schröder antrat. Und seit 2005, dem ersten, beinahe vergeigten Auftritt der Kandidatin A.M., fast zwei Millionen."[96] Das Personal, mit dem man im Wahlkampf hätte punkten können, wurde kaltgestellt, selbst der Wählermagnet Baron zu Guttenberg wurde weitgehend abgeschaltet. Die katholischen Stammwähler haben der Kanzlerin ihre unsägliche Attacke auf den Papst nicht verziehen. Merkel hat das Wahldebakel völlig unter den Tisch gekehrt, sie lies das CDU-Desaster des 27. September 2009 durch ihren Windbeutel Pofalla schönreden. Die feigen CDU-Granden und Landesfürsten ballten, wie üblich, die Fäuste in der Tasche und schwiegen. „Eine innerparteiliche Abrechnung wäre fällig gewesen, ein Strafgericht über ihren inhaltsleeren Wahlkampf, eine Debatte über Trennung von Kanzleramt und CDU-Vorsitz"[97].

In den Wochen vor der Bundestagswahl 2009 war Angela Merkel kaum präsent. Sie war eine Geisterfahrerin. „Spötter hatten schon den Verdacht geäußert, die Kanzlerin werde ihren Urlaub bis zum Wahltag verlängern."[98] Und wo sie dann doch aufgetreten ist, da redete sie viel, sagte aber nichts, jedenfalls kein Wort zu den Inhalten und Zielen ihrer Politik. Sie ist „veränderungsscheu, unpräzise, anspruchslos. Und unehrlich, was die Probleme des Landes angeht."[99] Denn die Arbeitslosigkeit wird dramatisch steigen, in den Staats- und Sozialkassen werden riesigen Löcher klaffen und die Schuldenlawine wird zur ernsthaften Bedrohung.[100] Angela Merkel, die Matrone, ist konturlos wie Luft, aber sie hat die

---

[96] „Kein Geld, aber glücklich", in: stern 41/2009, S. 34
[97] ebd., S. 33
[98] „Hang zum Heimlichen", in: DER SPIEGEL 34/2009, S. 24
[99] Jörges, Hans-Ulrich: „Sack ohne Katze", Der Zwischenruf aus Berlin, in: stern 38/2009, S. 54
[100] vgl. ebd.

Deutschen vier Jahre so erfolgreich eingelullt, dass sie auch nach ihrer ersten Legislaturperiode im Amt blieb.

Die Kanzlerin hatte und hat keine Strategie für die Zukunft Deutschlands. Das Land hat keine Bodenschätze, die Geld in die Staatskassen spülen. Deutschland kann nur eine Ressource vorweisen: Die Köpfe. Sie werden aber kaum gefordert und gefördert. Dafür ist Merkel verantwortlich. Es fehlen mehr als 80.000 Ingenieure, Mathematiker, Informatiker und Naturwissenschaftler in Deutschland. Die Wirtschaftsverbände BDA und BDI erklärten dazu, dass sich diese Lücke allein altersbedingt jedes Jahr vergrößern werde.[101] Das gleiche gilt im Bildungsbereich. Aktuell fehlen 40.000 Lehrer an Deutschlands Schulen. Dies erklärt der Deutsche Philologenverband.[102] Wir haben rund 20 Prozent Analphabeten in Deutschland.

Nach einer OECD-Studie leben in Deutschland 2,4 Millionen Kinder in Armut – also etwa jedes sechste Kind. Insbesondere Kinder von Alleinerziehenden sind davon betroffen. 40 Prozent davon gelten als arm. Alles dies ist bei Kanzlerin Merkel offensichtlich noch nicht angekommen. Ein Megaskandal.

Der Linken-Frontmann Oskar Lafontaine, hat Kanzlerin Angela Merkel wegen ihrer Vergangenheit in der DDR mehrfach angegriffen. Merkel sei früher eine hervorgehobene FDJ-Funktionärin für Agitation und Propaganda gewesen, sagte

---

[101] vgl. „60.000 Ingenieure gesucht", in: www.bild.de vom 20.07.2009
[102] vgl. „Im Herbst fehlen 40.000 Lehrer", dpa-Meldung vom 20.07.2009.

Lafontaine. „Sie gehörte zur Kampfreserve der SED", so Lafontaine. Merkel habe in der DDR besondere Vorteile genossen. So habe sie im Ausland studieren und in die Bundesrepublik reisen können. Lafontaine weist bei vielen Gelgenheiten darauf hin, dass "die CDU mit dem Finger auf andere zeigt." Doch "es zeigen viele Finger auf sie zurück." Die Debatte über die DDR-Vergangenheit verlaufe "heuchlerisch, weil sich CDU und FDP jeweils zwei SED-Blockparteien einverleibt" hätten und so täten, "als wäre das alles nicht gewesen".[103]

Helfen und beraten lässt sich die Kanzlerin fast nur von Frauen. Das „Girls-Camp" im Kanzleramt regiert wie ein Klüngel in jeder anderen Bananenrepublik. Strategie und Taktik der Regierungsarbeit bespricht sie nur in einem ganz kleinen Kreis von weiblichen Vertrauten, allesamt politische Blindgänger. Aus dieser Runde dringt kein Wort nach außen. Frauen hält Merkel offensichtlich für zuverlässiger als Männer. Wichtigste Merkel-Vertraute ist Büroleiterin Beate Baumann. Sie managt den Alltag der Chefin und bereitet auch die wichtigen politischen Entscheidungen der Kanzlerin vor. Beate Baumann darf sogar Minister und Spitzenfunktionäre zurechtweisen. Die Feiglinge fügen sich reihenweise widerspruchslos. „Es ist strengstens untersagt, unter Merkels Unschärfe-Regie, neue Gedanken vorzutragen."[104] Sie umgibt sich auch sonst mit einer Armee aus Nichtskönnern und

---

[103] vgl. „Kritik an DDR-Vergangenheit der Kanzlerin", in: t-online und Hamburger Abendblatt vom 18.09.2009
[104] Jörges, Hans-Ulrich: „Das Land der Sehenden", Der Zwischenruf aus Berlin, in: stern 36/2009.

Nichtsnutzen. „Weil eine schlagkräftige Opposition fehlt, fallen die Nieten nicht weiter auf."[105]

Im Konrad-Adenauer-Haus, der CDU-Zentrale, und in der CDU-Fraktion stößt die Exklusivität des Merkel-Zirkels auf Unverständnis. So mancher Mitarbeiter außerhalb des Zirkels klagt über "Abschottung" und mangelnde "interne Kommunikation". Mancher Personalabgang im Kanzleramt soll eine Folge dieses Konflikts sein.[106]

Vor der Bundestagswahl 2005 erklärte Merkel: „Ich habe gesagt, ich will keine große Koalition – und es wird sie auch nicht geben!"[107] Wenige Monate später wurde die große Koalition besiegelt. Lügnerin Merkel. Bananenrepublik Deutschland.

Welche Verachtung Angela Merkel ihrer eigenen Wählerschaft und dem gesamten deutschen Volk entgegenschleudert, zeigte sich im Oktober 2009. Zum Schutz vor der Schweinegrippe lies sie für sich, ihre Minister und ihre nichtsnutzigen Spitzebeamten das Bundesinnenministerium 200.000 Dosen des Impfstoffes Celvapan der Firma Baxter kaufen, der keine der umstrittenen, gefährlichen Zusatzstoffe enthält. Dies bestätigte ein Sprecher des Bundesinnenministeriums. Die deutschen „Normalbürger" dagegen werden durch einige bedenkliche Substanzen einem Impfrisiko ausgesetzt. Gesundheitsexperte Prof. Karl Lauterbach: „Es entsteht der Eindruck einer Zwei-Klassen-Medizin!" Merkel und ihr Klüngel halten sich also für höher stehende Menschen. Nach dem

---

[105] „Das wäre die Höchststrafe", in: DER SPIEGEL 36/2009, S. 59
[106] vgl. Nelles, Roland: „Merkels Girlscamp", in: www.welt.de vom 09.04.2001
[107] zit. nach: Kuhn, Oliver und Moses Michaela: „Deutschland Deppenland", München 2009.

Grundgesetz Artikel 3, Absatz 1 sind alle Menschen vor dem Gesetz gleich. Doch die Kanzlerin, die Minister und Spitzenbeamten stellen sich über das Grundgesetz, sie stufen sich als Höhergestellte ein. Bananenrepublik Deutschland. Dieser Vorgang ist nach meiner Einschätzung eine Vorteilsannahme im Amt, also strafrechtlich relevant.

Der „Stern" analysierte schon 2008 unter dem Titel „Abgehoben" absolut zutreffend: „Die Deutschen sind ihrer Kanzlerin regelrecht verfallen."[108] Dies blieb auch nach Ihrem Auftritt beim Opernbesuch in Oslo so, wo sie in ihrem schief sitzenden, unpassenden, tief dekolletierten Kleid zwei hängende Brüste präsentierte. Das war für eine Kanzlerin unwürdig. Das war zum Abgewöhnen.

Drei brillante, einmalig punktgenaue Leserbriefe zu Angela Merkel muss ich einfach zitieren:[109]

Lothar Honikel, Heilbronn: „Diese Frau ist Opium für das Volk, für Volksteile, die weiterhin jede Kritikfähigkeit eingebüßt haben und nicht mehr durchschauen können, wie akribisch einstudiert dieses falsche, erleuchtete Grinsen ist und wie abscheulich-süßlich die gekünstelte, hypnotisierende und verhexende Schauspielerei."

Hartmut Binsau, Kiel: „Wenn ich meinen Kindern den Begriff Opportunistin erklären sollte, würde ich Angela Merkel als bestes Beispiel heranziehen. Sie wartet immer ab, wohin sich die öffentliche Meinung entwickelt und schließt sich der dann an. Frau

---

[108] stern 29/2008
[109] die nachfolgenden drei Leserbriefe in: stern 31/2008

Merkel ist eine Opportunistin reinsten Wassers. Bedenklich ist nur, dass sie damit bei der Bevölkerung ankommt."

Brigitte Jäger, Friedeburg: „Die Bundeskanzlerin Angela Merkel hat kaum eines ihrer großspurigen Wahlversprechen eingehalten, viele davon gar ins Gegenteil verkehrt. Inzwischen redet sie fast wie ihre eigene Comicfigur nur noch in Seifen-(Sprech-)Blasen. Wie kann man diesem ‚Phänomen' so illusorisch blind ‚verfallen' sein – oder besser: auf den Leim gehen? Und wo ist die Kritikfähigkeit der Deutschen geblieben?"

Nach der Bundestagswahl 2009 hat kein Wort dieser Ausführungen an Gültigkeit verloren.

Die deutlichste, aber auch bitterste Lektion ihrer Amtszeit hat sie Anfang November 2009 lernen müssen. Die Kanzlerin, die sich nie festlegt, hatte noch im Oktober ihren „Vermittlungserfolg" beim Verkauf von Opel an den österreichisch-kanadische Autozulieferer Magna plus der russischen Sberbank gepriesen. Sie stellte ihre Zielstrebigkeit, Geduld und Klarheit bei ihrer Festlegung in den Mittelpunkt ihrer staatlichen Intervention, vom eigenen Wirtschaftsminister kritisiert. Dann kam der Rückschlag. Der US-Mutterkonzern General Motors entschied, seine Tochter Opel doch zu behalten. Dies geschah am 3. November 2009 und exakt in dem Augenblick, an dem Angela Merkel bei US-Präsident Barack Obama zu Gast war und sich im US-Kongress für ihre Sonntagsrede beklatschen lies. Obamas Regierung ist mit weit mehr als 50 Milliarden US-Dollar Steuergeld GM-Mehrheitseigner. Die Entscheidung, Opel zu behalten, ist also mit Wissen und

Zustimmung der US-Regierung erfolgt. Merkel wurde erst verzögert informiert. Die deutsche Kanzlerin war damit aber nicht nur gedemütigt, sie war naiv, hat verloren, wurde blamiert, betrogen. Sogar die kanzlerinnentreue „Bild" sah das nicht anders und titelte: „Amis haben sogar die Kanzlerin verarscht" und führte dazu aus „Der verlorene Kampf um Opel ist die größte Verarsche in der deutschen Industriegeschichte."[110]

Angela Merkel hat sich selbst in diese unangenehme Situation manövriert. Sie war nicht nur schlecht informiert und schlecht beraten, sie wurde endlich auch einmal dafür bestraft, dass sie sich im Kanzleramt nur mit Nullen umgibt. Würde sie sich mit Kompetenz umgeben, wäre sie nicht in die Falle getappt, sondern längst vorgewarnt gewesen. Sie wäre dann über den Stimmungswandel bei GM informiert gewesen. Sie hätte dann längst gewusst, dass GM seine Tochter nie abgeben wollte. „Zu wichtig ist Opel für die Amerikaner als Tor nach Europa, als Entwicklungszentrum, als Spezialist für alternative Abtriebe und sparsame Kompakt- und Kleinwagen, die nun zusehends auch in den Vereinigten Staaten verstärkt nachgefragt werden. Hinzu kommt, das Opel in den vergangenen Monaten – begünstigt durch die Abwrackprämie und den Verkaufserfolg neuer Modelle wie des Flaggschiffs Insignia – immer wertvoller wurde."[111] Merkel hätte dann längst erkannt, dass Opel mit GM besser fährt als mit Magna.

---

[110] „Opel. Die große Verarsche", in: Bild vom 05.11.2009
[111] Dalan, Marco – Doll, Nikolaus – Lau, Mariam: „Jetzt hat Opel mehr Chancen", in: Welt am Sonntag vom 08.11.2009, S. 3.

Das Merkel-Hilfepaket für Opel wäre mit dem EU-Wettbewerbsrecht unvereinbar gewesen, hätte man es auf Magna beschränkt. Darauf wies EU-Wettbewerbskommissarin Neelie Kroes die Bundesregierung in einem Brief hin. Der damalige Wirtschaftsminister zu Guttenberg versicherte der EU daraufhin flugs, die geplante staatliche Beihilfe in Höhe von 4,5 Milliarden Euro gelte unterschiedslos für jeden anderen, der Opel rettet. Damit gewannen im GM-Verwaltungsrat diejenigen den Machtkampf, die immer schon gegen den Verkauf Opels waren.[112] Die Kanzlerin hatte nichts davon kapiert.

Schließlich beschädigt Angela Merkel die deutsche Politik auch auf anderem Terrain. In ihrer fast schon paranoiden Angst davor, dass jemand ihren Platz einnehmen könnte, versäumt sie es sträflich, deutsche Politiker zu fördern und zu befördern, sowohl innenpolitisch, wie außenpolitisch. Dabei ist die Abschiebung von Shootingstar Karl-Theodor zu Guttenberg (CSU) ins Verteidigungsministerium noch zum Schmunzeln. Denn hier waren die Interessen von Merkel und Horst Seehofer deckungsgleich. Beide wollten ihre Position absichern und den Star im Kabinett neutralisieren. Das kann man noch mit dem Drang der beiden Parteivorsitzenden zum Machterhalt erklären und hinnehmen.

Nicht hinnehmbar ist aber der Schaden, den die Kanzlerin auf internationaler Ebene anrichtet. Auch hier ist ihre Paranoia ausgebrochen, ihre panische Angst davor, jemand könnte sich international besser positionieren als sie selbst. Die Folge: Ihr

---

[112] vgl. ebd.

internationales Gewicht lässt sie sich durch niemanden schmälern. Weder für das Amt des EU-Ratspräsidenten, noch für das des europäischen Außenministers schickt sie einen Deutschen ins Rennen. Auch als Anfang des Jahres ein Nato-Generalsekretär gesucht wurde, benannte Angela Merkel keinen deutschen Kandidaten. Ob Welthandelsorganisation (WHO), Internationaler Währungsfonds (IWF), Internationale Atomenergie-Organisation (IAEO), die internationalen Gerichte, die Europäische Zentralbank (EZB) oder die Organisation für wirtschaftliche Zusammenarbeit und Entwicklung (OECD) – kein Deutscher ist in einer dieser international wichtigen Gremien an der Spitze zu finden. Vor 42 Jahren hat es einmal einen EU-Kommissionspräsidenten gegeben, einen UN-Generalsekretär noch nie. Keine UN-Agentur wird von einem Deutschen geleitet.[113] Dabei stünden einer Reihe international hoch angesehener Politiker zur Verfügung. Doch keine Chance, Merkel ist krankhaft misstrauisch und beratungsresistent, sie will sich auf der Weltbühne von niemandem überstrahlen lassen. Sie will jede Entscheidung selbst treffen. Auch der kleine Guido wird dies noch schmerzlich erfahren.

Die anderen europäischen Regierungen schicken ihre qualifizierten Kandidaten regelmäßig in den Ring und besetzen die wichtigen Funktionen. Angela Merkel beschneidet damit den Einfluss der deutschen Politik auf internationaler Ebene, sie schadet Deutschland so empfindlich, dass dies einem Bruch ihres Amtseides gleichkommt, denn sie hat geschworen, „den Schaden vom

---

[113] vgl. Vestring, Bettina: „Wo blieben die Deutschen?", in: Berliner Zeitung vom 06.11.2009, S. 4

deutschen Volk abzuwenden und seinen Nutzen zu mehren." Sie tut genau das Gegenteil. Ihre Partei schaut ohnmächtig zu.

Geradezu als Kabarettnummer ist es in diesem Zusammenhang einzustufen, dass sie den drittklassigen, abgehalfterten, extrem ungeeigneten CDU-Regionalpolitiker Günter Oettinger als EU-Kommissar für Energie nach Brüssel schickt. Er war dritte Wahl.

Auf die Frage, mit welchem Politiker die Deutschen am liebsten einen Kaffe trinken würden, nannten nur 18 Prozent der Befragten Angela Merkel.[114]

Die peinlichsten Politiker Deutschlands: Eine Muppets-Show

Die Mehrheit der Deutschen ist mit der Arbeit ihrer Regierung unzufrieden,[115] denn die meisten Politiker sind Typen wie muffige Buchhalter. Es sind Nichtsnutze, erkennbar an ihrer Emotionslosigkeit und totalen Inhaltsleere. Ein Drama der Demokratie. Die Kanzlerin ist ein Sonderfall, weshalb ich sie in einem separaten Kapitel beschrieben habe.

Viele Politiker Deutschlands sind klein karierte Spießer, sie sind so weltfremd, so provinziell, so menschenverachtend, so weit ab der Realität, dass sich allein daraus ihre Gefährlichkeit ergibt. In vielen

[114] Ergebnis einer Umfrage der Mindline Media für den stern in: stern 34/2009
[115] TNS Forschung – Umfrage vom 14. und 15. Juli 2009 im Auftrag des SPIEGEL: 39 Prozent der Befragten antworteten auf die Frage „Sind Sie mit der Arbeit der Bundesregierung aus CDU/CSU und SPD zufrieden?" mit „ja".

Fällen frage ich mich, wie es diese Unmenschen in die Politik geschafft haben, doch sie sind vermutlich ein Spiegelbild ihrer Wähler.

Philipp Mißfelder (CDU)

Der Vorsitzende der Jungen Union hat mit 30 schon 16 Jahre Erfahrung in der Politik, er sitzt im Bundestag und im CDU-Präsidium, letzteres gegen den Wunsch von Angela Merkel. Philip Mißfelder ist ein gehässiger, gefährlicher Mann. Für ihn ist es „nicht nachvollziehbar" wenn ältere Menschen „noch künstliche Hüftgelenke auf Kosten der Solidargemeinschaft bekommen" denn früher seien „die Leute auch auf Krücken gelaufen."[116] Mit dieser menschenverachtenden Feststellung hat er sich 2003 – kalkuliert oder unkalkuliert – bundesweit bekannt gemacht. Im Februar 2009 legte er nach, dieses Mal zum Thema Arbeitslose: „Höhere Hartz-IV-Bezüge für Kinder sind ein Anschub für die Tabak- und Spirituosenindustrie."[117] In beiden Fällen gab es dafür Morddrohungen als Quittung.

Im Focus-Fragebogen antwortet der 30jährige auf die Frage, welches Lied er gerne singt: „Die deutsche Nationalhymne."[118] Toll. Mißfelder hatte zunächst versucht, sich gegen Angela Merkel zu profilieren. Doch dann kam er zur Überzeugung, dass er bessere Chancen in seiner Partei hat, wenn er sich kanzlertreu gibt. Seitdem

---

[116] Mißfelder im Interview mit „Der Tagesspiegel" vom 03. 08. 2003.
[117] Mißfelder auf einer Veranstaltung in Haltern im Februar 2009.
[118] FCOUS Frgebogen, Philipp Missfelder, in: Focus 22/2009, S. 146

lobt er Merkel überall und jederzeit und übt sich in totaler Anpassung. Die Frage, wie er sich dabei fühle, beantwortet er lachend: „Wie ein Clown, wie der Pofalla."[119] Seine bei manchen Gelegenheiten immer wieder aufflackernden Witzeleien über Pofalla könnten ihn fast sympathisch machen, das ist aber auch schon alles positive, was man bei ihm findet.

Der Spiegel meint zu Mißfelder: „Seinem Kind wird er womöglich keine anderen Erfahrungen vermitteln können als die eines tollpatschigen Lebens"[120] und „es gibt wohl keinen Politiker, der sich so schamlos zu seiner Inhaltsleere und seinen Machtträumen bekennt wie Philipp Missfelder…. Inhalte sind seiner Ansicht nach für hinterbänklerische Spezialisten, für Beamte. Diese Arbeitsteilung gibt es schon länger, in Mißfelder findet sie ihre Zuspitzung."[121]

Ein kleiner Anflug an Mut dann im Oktober 2009. Auf dem Deutschlandtag der Jungen Union forderte er, die CDU müsse „unverzüglich" einen CDU-Bundesparteitag einberufen. Mißfelder: „Die CDU muss ihr Wahlergebnis aufarbeiten. Wir haben bei der Wahl auch deshalb verhältnismäßig schlecht abgeschnitten, weil wir viele Wähler an die FDP verloren haben. Wir dürfen aber nicht zulassen, dass die FDP in unseren Gewässern fischt. Wir brauchen deshalb eine klarere Wirtschaftspolitik, um bürgerlich und wirtschaftsliberal gesinnte Wähler wieder zurück zu gewinnen"[122] und in Richtung der Kanzlerin fügte er hinzu: „Wir brauchen in den

[119] Zit. nach: „Der Schattenmann", in: DER SPIEGEL 22/2009, S. 71.
[120] ebd.
[121] ebd.
[122] zit. nach www.bild.de vom 17.10.2009

Koalitionsverhandlungen mehr Mut zu Reformen."[123] Das dürfte Angela Merkel gar nicht gefallen haben.

Thilo Sarrazin (SPD)

Der SPD-Mann Thilo Sarrazin ist einerseits ein gemeingefährlicher Brunnenvergifter, andererseits spricht er auch Wahrheiten aus.

Den Hartz-IV-Empfängern rechnete der menschenverachtende, hochnäsige, schnauzbärtige Buchhaltertyp vor, dass sie sich mit 3,76 Euro täglich ebenso preiswert wie gesund ernähren können.[124] Arbeitslose beschimpft er. Jeder, der auch nur einen Besen halten könne, solle einer bezahlten Arbeit nachgehen. Er empfahl frierenden, armen Deutschen, die an den Heizkosten verzweifeln, im Winter einen warmen Pullover anzuziehen, statt die Heizung aufzudrehen.

Gegen die deutschen Familien der „Unterschicht" in Berlin giftet er: „Wir haben in Berlin 40 Prozent Unterschichtgeburten und füllen die Schulen und die Klassen, darunter viele Kinder von Alleinerziehenden."[125] Entsprechend solle die Familienpolitik umgestellt werden: „Weg von Geldleistungen, vor allem bei der Unterschicht".[126] Allein wegen solcher menschenverachtender Äußerungen hätte ihn die SPD aus der Partei ausschließen müssen.

---

[123] zit. nach ebd.
[124] vgl. „Plebejisch und kleinbürgerlich", in: Focus 41/2009, S. 48.
[125] zit. nach ebd.
[126] zit. nach ebd.

Natürlich findet Sarrazin auch Unterstützer, doch zustimmen könnte man ihm allenfalls, wenn er sagt, es sei ein Skandal, wenn türkische Jungen nicht auf weibliche Lehrer hörten, weil ihre Kultur dies verbiete. Er, Sarrazin, bräuchte niemanden anzuerkennen, der von Staat lebe, diesen Staat aber ablehnt und für seine Kinder nicht vernünftig sorge. Transferleistungen seien in solchen Fällen nicht gerechtfertigt. Dies wird ihm die Mehrheit der deutschen unterschreiben, auch ich.

Nach abfälligen Äußerungen über Einwanderer hat die Berliner Staatsanwaltschaft gegen Sarrazin Ermittlungen wegen Volksverhetzung aufgenommen. Dieser hatte mit einem Interview über die soziale Lage in Berlin Kritik und Empörung hervorgerufen. Sarrazin: „Die Türken erobern Deutschland genauso, wie die Kosovaren das Kosovo erobert haben: durch eine höhere Geburtenrate." Es würden immer „neue kleine Kopftuchmädchen produziert." In einer Ausgabe der Zeitschrift „Lettre International" äußerte sich Sarrazin abfällig über die politischen und sozialen Zustände in Berlin und ging dabei hart mit der dortigen Einwanderungspolitik ins Gericht: „Türkische Wärmestuben" brächten die Hauptstadt nicht voran. „Jeder, der bei uns etwas kann und anstrebt, ist willkommen; der Rest soll woanders hingehen."[127]

Die NPD-Fraktion in Sachsen will den Ex- Finanzsenator seit dieser Entgleisung zum Ausländerbeauftragten machen. Sarrazin bringe

---

[127] vgl. „Staatsanwalt ermittelt gegen Sarrazin", in: www.stern.de vom 01.10.2009

"die Entwicklung unseres Landes auf den Punkt", erklärte die rechtsextreme Partei.

Peter Hintze (CDU)

Einer der lächerlichsten politischen Figuren Deutschlands ist Peter Hintze (CDU). In der Hitparade der Lächerlichkeit folgt er gleich auf Ronald Pofalla. Hintze hat als CDU-Generalsekretär den letzten Wahlkampf Helmut Kohls verhagelt, weil er die Zeichen der Zeit nicht erkannte. Pfarrer Hintze ist ein politischer Angsthase, eine Ausgeburt an Bedeutungslosigkeit und für ein politisches Amt völlig ungeeignet. Im live übertragenen TV-Interview reißt er sich das Mikro von der Jacke und rennt aus dem Studio wie eine beleidigte Leberwurst, wenn ihm eine unangenehme Frage gestellt wird. Ein Beweis für seine politische Unfähigkeit und Inkompetenz, denn unangenehme Fragen gehören eigentlich zum Tagesgeschäft eines Politikers. Mimosen sind dabei völlig fehl am Platz.

Als Staatssekretär im Bundeswirtschaftsministerium und „Luft- und Raumfahrtkoordinator" stellte er dem Bundeskabinett im August 2009 sein Meisterstück vor: Eine unbemannte Mission Deutschlands zum Mond etwa im Jahr 2015. Das Hintze-Projekt soll 1,5 Milliarden Euro kosten.[128] Eine Luftnummer des Luftkoordinators der Bundesrepublik Deutschland, Pfarrer Hintze.

---

[128] vgl. „Hintze will unbemannte deutsche Mondmission 2015", dpa-Meldung vom 12.08.2009

Trotzdem gehört diese schräge politische Figur zu den engsten Ratgebern der Kanzlerin, was auch ein bezeichnendes Licht auf Merkel wirft. Die evangelische Pfarrerstochter fühlt sich dem evangelischen Theologen verbunden. Der Merkel-Günstling wurde mal als EU-Kommissar, mal als Europaminister gehandelt. Man stelle sich vor, die CDU hätte sich in den Koalitionsverhandlungen im Oktober 2009 mit ihrer Idee durchgesetzt, ein Europaministerium zu schaffen und dieses dem Kanzleramt zuzuordnen. Hintze wäre als Minister zum Zuge gekommen. Ich hätte gekotzt. Die FDP hatte aufgepasst und diesen Unfug verhindert. Jetzt darf die Lachnummer Hintze Staatssekretär im Bundeswirtschaftsministerium bleiben. Höchste Gefahrenstufe!

Ronald Pofalla (CDU)

Der Merkel-Vasall Ronald Pofalla (50) ist nicht nur absolut talentfrei, immer total verunsichert blinzelnd und näselnd, ängstlich, unsicher und rhetorisch völlig unbegabt. Selbst bei manchen CDU-Abgeordneten wird er als „sprachbehindert" gehänselt. Pofalla ist, mehr noch als Pfarrer Hintze, die Lachnummer der CDU und Mitglied der evangelischen Seilschaft um die Kanzlerin. Pofalla ist der Windbeutel der CDU. „Ronald Pofalla als Minister, bei aller Liebe zum Skurrillen, man will sich als Deutscher doch nicht zum Affen machen."[129] Dieser Mann mit dem Dauerschnupfen könnte so ziemlich alles sein, nur kein Politiker.

---

[129] Reis, Thomas: „Der reine Wahnsinn", in: Frankfurter Rundschau vom 01. 10.2009, S. 9

Als solcher ist er eine Gefahr. „Er könnte der nette Nachbar sein oder der Geschäftsführer des Getränkemarktes."[130]

Pofalla ist verantwortlich für das katastrophale Abschneiden seiner Partei bei der Bundestagswahl 2009, die CDU erreichte ihr schlechtestes Ergebnis seit 60 Jahren. Dazu grinste Pofalla am Wahlabend wie ein Honigkuchenpferd, denn als Merkel-Günstling hatte er nichts zu befürchten. Offensichtlich hat er dies nicht begriffen. Die CDU konnte alle 27 Überhangmandate zu ihren Gunsten verbuchen. Ein dubioser Erfolg. Das Bundesverfassungsgericht hat 2008 erklärt, mit Überhangmandaten werde der Wählerwille ins Gegenteil verkehrt. Dieser Zustand des „negativen Stimmengewichtes" muss bis zum 30. Juni 2011 beseitigt werden. Man hätte schon zur Bundestagswahl 2009 saubere Verhältnisse schaffen können, doch die Parteien waren an der Neuregelung nicht interessiert.

„Es ist dieses erstaunliche Talent zur Blässe, das Angela Merkel motiviert hat, den Juristen zum CDU-Generalsekretär zu machen"[131] – und sodann zum Kanzleramtsminister. An Ronald Pofalla prallt jeder Angriff ab. Dies hat er gemeinsam mit seinem Parteifreund Peter Hintze. Wir haben es hier also mit den beiden Torpfosten der CDU zu tun.

---

[130] Biermann, Kai: „Ein Mann für alle", in: www.zeit.de vom 04.09.2007.
[131] Pfister, René: „Merkels Sekretär", in: www.spiegel.de vom 07.08.2006.

Johannes Singhammer (CSU)

Johannes Singhammer wurde am 9. Mai 1953 in München geboren. Er ist römisch-katholisch, verheiratet und hat sechs Kinder. Er ist Ministerialrat a. D. und Rechtsanwalt. Der familienpolitische Sprecher der CDU/CSU-Fraktion, gilt als erzkonservativ. Er fordert Rentner zu einem Urlaubsverzicht auf, um mit dem eingesparten Geld „Generationengerechtigkeit" zu praktizieren. Mit den Ersparnissen könne die junge Generation unterstützt werden.[132] Ähnlich wie bei Philipp Mißfelder kommt hier ein Altersrassismus zum Vorschein, der äußerst gefährlich ist. Ein solcher Politiker wurde als Nachfolger für Peter Ramsauer als CSU-Landesgruppenchef im Bundestag gehandelt.

Christean Wagner (CDU)

Eine Erklärung des früheren hessischen Justizministers Christean Wagner ist nicht nur mies, fies und menschenfeindlich. Wörtlich heißt es darin: "Die elektronische Fußfessel bietet Langzeitarbeitslosen und therapierten Suchtkranken die Chance, zu einem geregelten Tagesablauf zurückzukehren". Selbst „Bild" kommentierte: „Justizminister knallt durch!" und fragte "Ist der Mann von allen guten Geistern verlassen?" Die SPD-Fraktion erklärte dazu "Für den hessischen Justizminister sind Arbeitslose faules Gesindel, die morgens nicht aus dem Bett kommen und um

---

[132] vgl. „CSU-Politiker fordert von Rentnern Urlaubsverzicht", in: www.altersversorge-rente.t-online.de vom 18.07.2009.

elf schon fünf Bier im Kopf haben. Dies ist eine Beleidigung für alle, die ihre Arbeit verloren haben".

Tatsächlich handelt sich bei dieser Äußerung um die kranke Idee eines kranken Ministers. Ein Justizminister, der vorschlägt, Langzeitarbeitslose mit Fußfesseln zu überwachen, ist völlig untragbar und hat in einem Regierungsamt nichts verloren. Das ist Bananenrepublik pur. Roland Koch hätte seinen Minister sofort aus dem Verkehr ziehen müssen. Er tat es nicht und das beweist, dass Koch vom gleichen Schlag ist. Christean Wagner ist heute Fraktionsvorsitzender der CDU im Wiesbadener Landtag.

Franz Josef Jung (CDU)

Dass der Koch-Amigo Franz-Josef Jung als Verteidigungsminister die schlimmste Fehlbesetzung im Bundeskabinett aller Zeiten war, ist mittlerweile unstrittig. Jung hat eine schlecht ausgerüstete Bundeswehr im Afghanistankrieg zu verantworten. Fahrzeuge, Waffen und Fluggerät haben schwere Mängel. Nachschub und Versorgung funktionieren nicht richtig. Es bestehen Defizite bei der Ausbildung. Die Zusammenarbeit mit zivilen Helfern klappt nicht. Es fehlen Dolmetscher und abhörsichere Funkgeräte. Und vor allem fehlt der Überblick. Dies geht aus den vertraulichen Berichten der Bundeswehroffiziere hervor.[133] Doch Jung log, die deutschen Soldaten seien „gut ausgebildet und ausgerüstet."[134] Das machte ihn

---

[133] vgl. „Falsche Sicherheit", in: DER SPIEGEL 36/2009, S. 28
[134] ebd.

nicht nur zum Sicherheitsrisiko, sondern auch zum gefährlichen Totengräber.

Wann und wo immer er redete, verbreitete sich Nebel. Kaum ein anderer Politiker hat derart nebulös im Kreis herumgeredet. „Er schwurbelt von einer ‚asymetrischen Bedrohungslage' der die Bundeswehr mit einem ‚Stabilisierungseinsatz' begegne. Dabei hätte Jung einfach sagen können, dass die Deutschen in Afghanistan einen Krieg führen. Es wäre die Wahrheit. Doch dafür fehlt ihm der Mut."[135]

Nachdem die Bundeswehr im Afghanistan-Krieg nahe Kunduz die Bombardierung von zwei von Taliban gestohlenen Tanklaster bestellt hatte und dabei 142 Menschen getötet wurden, darunter zahlreiche Zivilisten, schrieb „Die Tageszeitung" einen Tag später dazu einen bewundernswerten offenen Brief an den Verteidigungsminister: „Guten Tag, meine Damen und Herren, stillgestanden, Herr Jung! Na, Herr Jung? Spaß gehabt gestern? War schon okay, mal kurz 142 Menschen in die Luft zu bomben, oder? Neeeein, waren ja nicht wir, war ja die Nato. Neeeein, wir sind ja immer noch nicht im Krieg. Jaaaa, wir sind in Afghanistan, um Brunnen zu bauen, um Strassen zu teeren, um Schulen zu bauen, um die Zivilgesellschaft zu stärken. Neeeein, die Bundeswehr hat auch nicht angegriffen, sondern sich verteidigt und damit Deutschland mit seinen 18 Bundesländern (Malle und Hindukusch). Wissen Sie was? Mit Ihren Verharmlosungen an der Heimatfront

---

[135] „Das wäre die Höchststrafe", in: DER SPIEGEL 36/2009, S. 59

verraten Sie die Moral der Truppe. Sie gehören vors Kriegsgericht!"[136]

Der Ex-Fraktionschef der SPD und Ex-Verteidigungsminsiter Peter Struck kommentierte das Abenteuer Afghanistan ziemlich dumm: „Kein Mensch hat geahnt, dass sich das in Afghanistan so entwickeln würde"[137] Das ist Unfug, denn jeder hat es geahnt. Die Frage „Was hat Deutschland am Hindukusch verloren?" kann man klar beantworten: Nichts.

Eine selten klare Berurteilung über Franz Josef Jung liefert der Spiegel: „Seit vier Jahren dilletiert Franz Josef Jung als Verteidigungsminister. Die Kanzlerin hätte alle Beteiligten längst von diesen Qualen befreien müssen."[138]

Kurzfristig stellte Jung eine neue Bedrohung für die Sicherheit Deutschlands dar – als Arbeitsminister. Von dieser Materie hat er ebenso wenig verstanden.

Das Problem Jung ist vorläufig beseitigt. Nachdem offenkundig wurde, dass Jung das Parlament und die Öffentlichkeit in der Tanklaster-Affäre belogen hatte, trat er zurück. Die kürzeste Amtszeit eines Ministers in Deutschland, etwa vier Wochen, war damit beendet.

---

[136] „Verboten", in: Die Tageszeitung vom 5./6. 09., Titelseite
[137] zit. nach: „Ausweg gesucht", in: stern 39/2009, S. 35
[138] „Merkels Altlast", in: DER SPIEGEL 38/2009, S. 78

Wolfgang Schäuble (CDU)

Wenn der Ex-Innenminister von Deutschlands Kabarettisten als „Rumsfeld auf Rädern" bezeichnet wurde, dann hat dies einen Hintergrund: Wolfgang Schäuble hat die Bürgerrechte Stück für Stück abgebaut und arbeitete am Modell eines Polizei- und Schnüffelstaates. Das machte ihn zu einem gefährlichen Politiker. Welche Gefahren er als neuer Finanzminister entwickelt, werden wir bald zu spüren bekommen.

Unter dem Vorwand des Anti-Terror-Kampfes – mit den USA hat Schäuble ein Abkommen vorbereitet, das die Weitergabe aller Bankdaten der Europäer an die USA regelt. Die USA soll Zugriff auf die Daten der SWIFT (Society of Worldwide Interbank Financial Telecommunications) erhalten. In der SWIFT-Datenbank sind die Überweisungsdaten von 8300 Banken aus mehr als 200 Ländern gespeichert. Der US-Geheimdienst greift bereits seit 2001 auf diese Daten zu. SWIFT wickelt täglich 15 Millionen Transaktionen ab.

Der Autor Thomas Darnstädt prognostiziert in seinem neuen Sachbuch den um sich greifenden Sicherheitswahn in der Politik und das Ende unserer bürgerlichen Freiheiten. Er beschreibt darin sehr realistisch einen globalen Polizeistaat.[139] Unter dem „Vorwand des Terrorismus riskiert die Politik die Grundlagen des freiheitlichen Verfassungsstaates. Der Kampf gegen den Terror führt Polizei, Militär und Geheimdienste immer öfter ins rechtliche

---

[139] Darnstädt, Thomas: „Der globale Polizeistaat", München 2009

Niemandsland. Völker- und Staatsrechtler, die westliche Regierungen beraten, arbeiten am Modell eines globalen Polizeistaates, in dem die Bürgerrechte bei Bedarf eingeschränkt und für Risikobürger Internierungslager eingerichtet werden könnten".[140]

Guido Westerwelle (FDP)

Guido Westerwelle ist seit Jahren der uneingeschränkte Herrscher der FDP. Seit der Luftikus den hochseriösen Wolfgang Gerhard an der Parteispitze weggemobbt hat, beherrscht er seinen Verein total. Die führenden liberalen Köpfe sind nur noch Staffage. Dies ist nicht nur Ausdruck einer maßlosen Arroganz, sondern auch Beweis dafür, mit welchen Jasagern, Hofschranzen und Speichelleckern sich Guido Westerwelle umgibt. Die so selbstbewusste FDP duckt sich vor ihrem schrägen Chef, anstatt ihn kräftig zurechtzuweisen. Das ist eine gefährliche Entwicklung.

Westerwelle hat bereits monatelang vor der Bundestagswahl 2009 ohne Unterlass wie ein Pfau Rad geschlagen und dazu ein krampfhaft eingeübtes, aber misslungenes Außenministergesicht aufgesetzt. Er wollte unbedingt den Staatsmann geben, also ruhiger und seriöser auftreten. Entsprechend setzte er sich in den Talkshows unermüdlich als künftiger Außenminister in Szene um den Zuschauern zu kommunizieren, dass für diesen Job niemand besser geeignet sei, als er, Westerwelle. Wenn man ihn sah, wie er sich in

---

[140] vgl. Klappentext in ebd.

Selbstbeherrschung, Imponiergehabe und staatstragenden Rundumschlägen übte, „denkt man an einen Christbaum, der geschmückt ist mit Lametta und roten Äpfeln und in Flammen steht. Es zischt, knistert, glüht und leuchtet."[141]

Fragt man die Wähler, dürfte Westerwelle nicht Außenminister sein. Nach einer repräsentativen Umfrage für den „Stern" wünschen sich ihn nur 28 Prozent der Befragten ins Außenministerium. 46 Prozent sähen ihn lieber im Wirtschafts- oder Bildungsministerium. Bei den FPD-Wählern fiel das Urteil noch deutlicher aus, 53 Prozent wollen ihn nicht als Außenminister. In einer Abstimmung bei t-online wird das Bild noch dramatischer: Noch nicht einmal zehn Prozent sind für einen Außenminister Westerwelle.[142]

Westerwelle war, ist und bleibt der große Luftikus der deutschen Politik. Er hat monatelang vor der Bundestagswahl in jedes Mikrofon und in jede TV-Kamera gebetsmühlenhaft gelabert: „Ohne ein niedrigeres, einfacheres und gerechteres Steuersystem werde ich keinen Koalitionsvertrag unterschreiben." Die FDP wurde unter anderem wegen des propagierten Stufentarifs 10, 25 und 35 Prozent gewählt. Nach der Wahl sucht man vergeblich nach der Umsetzung. Der neue Finanzminister verwarf die FDP-Idee bereits und erklärte: „Ich bin kein Freund des Stufentarifs."[143] Der Koalitionsvertrag ist also das Papier nicht wert, auf dem er gedruckt ist. Westerwelle ist

[141] „Der Umgemochte", in: DER SPIEGEL, 41/2009, S. 38.
[142] vgl. „Westerwelle soll nicht Außenminister werden", in: www.bundestagswahl.t-online.de vom 07.10.2009, sowie AP, AFP vom gleichen Tage.
[143] Doemens, Karl: „Ein Abschied in Stufen. Schäuble verwirft die FDP-Steuerreform", in: Frankfurter Rundschau vom 03.11.2009.

damit der neue Lügenbaron der Deutschen, die FDP ist das, was sie schon immer war, eine Umfallerpartei.

Nach der Wahl fühlt sich der im Außenministerium angekommene Gernegroß dazu befähigt, nicht nur Skeptiker in seiner eigenen Partei, sondern auch in der Union zurechtzuweisen. Nachdem in FDP und weiten Teilen der Union Westerwelles Steuerentlastungsphantasien klar begründet scharf kritisiert wurden, speziell von CDU-Ministerpräsidenten, versuchte sich FDP in der Schröderschen Basta-Strategie. Er forderte von allen, „die sich jetzt abseilen wollen" zur Geschlossenheit auf.[144] Die CDU-Abgeordneten nahmen das mit Gelächter auf, niemand nimmt ihn ernst. Ein CDU-Haushaltspolitiker erklärte mir dazu: „Dieser Hanswurst soll nicht glauben, dass wir alles einfach mitmachen." Sachsens Ministerpräsident Stanislaw Tillich (CDU), der in seinem Land in den vergangen Jahren Rücklagen gebildet hatte, äußerte sich in die gleiche Richtung: „Es kann nicht sein, dass dieses Geld jetzt einfach für Steuersenkungen verpulvert wird." Der Ministerpräsident von Sachsen-Anhalt, Wolfgang Böhmer (CDU), hat sogar mit einer Klage vor dem Bundesverfassungsgericht gegen diese Pläne gedroht.[145] Die Reaktion ist verständlich, denn die finanziell ohnehin schon bedrängten Länder müssen etwa die Hälfte der Ausfälle verkraften, die sich aus einer Senkung der Einkommenssteuer ergeben.

---

[144] vgl. „Westerwelle mahnt Steuerskeptiker an", in: www.spiegel.de vom 01.11.2001
[145] vgl. ebd.

Insgesamt ist erkennbar, dass Westerwelle außerhalb seiner Partei nichts gilt. Er hat dort keinerlei Autorität. Denn schon jetzt „regt sich Widerstand gegen diese Art von Casino-Politik"[146] speziell bei den Volksvertretern der CDU. Der junge CDU-Abgeordnete Jens Spahn (29) erklärt: „Manchmal habe ich das Gefühl, dass die Leute alle Grundsätze über Bord geschmissen haben."[147] Apropos über Bord: Der FDP-Chef war, ist und bleibt der Leichtmatrose, für den ihn Edmund Stoiber nach wie vor hält. Und Niedersachsens Ministerpräsident Christian Wulff bekräftigt: „Die Unseriosität der FDP bring uns noch um."[148]

Auch sonst kommen von Westerwelle nur Luftnummern. Im Bild-Interview sagt es so hohle Sätze wie: „Wir müssen den Bürgern in die Augen schauen und ehrlich sagen, wie die Lage ist."[149] Wer möchte dem FDP-Chef denn in die Augen schauen? Er hat bereits in den Koalitionsverhandlungen versucht, die Bürger mit Rechentricks zu betrügen. Wer also sollte ihm jetzt noch Ehrlichkeit zutrauen?

Westerwelle steht derart unter Beschuss, dass sogar der „Zwischenrufer der Nation", Hans-Ulrich Jörges vom „stern", für ihn in die Bresche sprang: Jörges macht einen „Guido-Komplex"[150] aus und meint, ein schwuler Außenminister schadet nicht. Jörges verkennt das Thema, denn es geht bei Westerwelle überhaupt nicht um dessen Homosexualität. Die ist unerheblich. Es geht nur darum:

---

[146] „Berliner Casino", a.a.O.
[147] zit. nach ebd.
[148] zit. nach ebd.
[149] Westerwelle im „Bild"-Interview mit Rolf Kleine und Jan W. Schäfer: „Darf die Kanzlerin Ihnen reinreden, Herr Westerwelle?", in: Bild vom 07.11.2009
[150] Jörges, Hans-Ulrich: „Der Guido-Komplex", in: stern 46/2009, S. 38.

Westerwelle ist ein unglaubwürdiger Dampfplauderer, ein Nichtsnutz, ein Kasper, ein Leichtmatrose, ein Spaßpolitiker, ein Luftikus. Man nimmt ihn einfach nicht ernst.

Kaum im Außenamt, vergreift sich Westerwelle am laufenden Band im Ton. Sein Umgang mit Journalisten und Koalitionären ist ein einziges Kasperltheater, seine ersten Auftritte als Außenminister gingen völlig daneben. Wie eine Luftnummer wirkt es beispielsweise, was „Außenpolitiker" Westerwelle vom afghanischen Präsidenten Hamid Karsai erwartet: "Wir erwarten, dass sich der afghanischen Präsident bemüht, die Lager zusammenzuführen und Präsident aller Afghanen zu sein."[151] Karsai hat zu dieser hohlen Rhetorik milde gelächelt. Westerwelle darf inzwischen zwar an der Weltbühne schnuppern, richtig ankommen wird er dort aber nie. Merkel und die Welt werden noch ihre Freude an diesem ununterbrochen Rad schlagenden Pfau haben.

Die Nichtwähler: Die stärkste Kraft im Lande

Gingen die Nichtwähler plötzlich zur Wahl, würde das die politische Landschaft über Nacht umkrempeln. Das wäre wünschenswert. Die Nichtwähler sind rechnerisch die stärkste Kraft in Deutschland. In manchen Bundesländern sind sie rechnerisch stärker als alle anderen relevanten Parteien zusammen.

---

[151] zit. nach ZDF, heute-Sendung, 02.11.2009

Bei der Bundestagswahl 2009 verweigerten 18,1 Millionen Wahlberechtigte die Stimmabgabe. CDU / CSU erhielten zusammen 14,6 Millionen Wähler, die SPD noch nicht einmal 10 Millionen.[152]

Doch was müsste sich ändern, um diese Gruppe an die Wahlurne zu bringen? Ein bekennender Nichtwähler hat in „Cicero" kurz und bündig formuliert unter welchen Voraussetzungen ein Stimmverweigerer wieder wählen gehen würde:[153]

Keine Listen-Abgeordneten mehr: Unglaublich, aber jeder zweite Bundestagsabgeordnete ist lediglich über die Parteiliste in den Bundestag gerutscht. Damit wird der Grundsatz, wonach die Abgeordneten des Bundestages in unmittelbarer, freier, gleicher und geheimer Wahl gewählt werden und „Vertreter des ganzen Volkes" sein sollen, schlicht verhöhnt. Denn diese Abgeordneten sind keine Vertreter des Volkes, sondern Vertreter ihrer Partei.

Das Wahlrecht ändern: Trotz hoher Wahlenthaltung besetzen die Parteien 100 Prozent aller Parlamentssitze mit Gefolgsleuten. In der Weimarer Republik wurden die Parlamentssitze entsprechend der Wahlbeteiligung besetzt – oder eben nicht besetzt. Bei geringer Wahlbeteiligung schmolz auch die Zahl der Parlamentssitze. Es wäre sinnvoll, dieses Leistungsprinzip wieder einzuführen, es wäre glaubwürdiger. Denn Wahlenthaltung darf nicht willkürlich in Zustimmung umgemünzt werden.

---

[152] vgl. „Nichtwähler sind die stärkste Kraft", in www.bundestagswahl.t-online.de, 29.09.2009
[153] vgl. im folgenden: Steingart, Gabor: „Das wollen die Nichtwähler", in: Cicero Mai 2009, S. 52 (teils wörtlich, teils sinngemäß zitiert, teils verändert und ergänzt, in jedem Fall verkürzt).

Einen Bürger-Präsidenten: Es gibt keinen vernünftigen Grund, die Direktwahl des Bundespräsidenten durch das Volk zu verweigern. Johannes Rau wurde von Gerhard Schröder (SPD), Horst Köhler von Angela Merkel (CDU) ins Amt gebracht. Eine Verfassungsreform könnte und sollte das Amt des Bundespräsidenten von dieser Abhängigkeit befreien.

Eine Reform der Verfassung: Wir benötigen eine Verfassungsreform. Die wesentlichen Bestandteile wie die Gewaltenteilung, Presse- und Meinungsfreiheit, Grundrechte, sollten selbstverständlich erhalten bleiben. Änderungen wären aber beispielsweise bei der Parteienfinanzierung, dem Wahlrecht, der inneren Demokratie der Parteien und der Wahl des Bundespräsidenten nötig.

Den Parteienstaat abschaffen: Die Parteibuchwirtschaft in Deutschland passt zu einer Bananenrepublik, aber nicht zu einer Demokratie. Richter an den Obersten Gerichten, der Polizeichef einer Stadt, der Leiter einer staatlichen Musikschule oder Staatsanwälte werden nach Parteizugehörigkeit ausgewählt. Ob der Musikdirektor etwas von Musik versteht, der Staatsanwalt ein guter Jurist ist oder der Polizeichef sich mit Verbrecherjagd auskennt, ist dabei von untergeordneter Bedeutung. Die Qualifikation muss wichtig sein, nicht das Parteiabzeichen.

Die innerparteiliche Demokratie einführen: Obwohl im Grundgesetz Artikel 21 gefordert, ist die „innerparteiliche Demokratie" nie eingeführt worden. Die Kandidatenaufstellung findet in Kungelrunden im Hinterzimmer statt. Auf den Wahlparteitagen werden dann die gewählt, die schon gewählt sind. Das ist der Zustand einer Bananenrepublik und somit höchst undemokratisch. Es fehl ein transparentes Aufstellungsverfahren. In den USA nahmen z.b. 2008 allein an der Kandidatenaufstellung für die Präsidentschaftswahlen rund 60 Millionen Menschen teil, und zwar sowohl Parteimitglieder als auch Sympathisanten.

Volksbefragungen einführen: Fast alle Demokratien praktizieren das Recht auf Volksabstimmungen. Auch Deutschland ist dafür reif. Es gibt zwar einige Argumente, die dagegen sprechen, so z.b. die Behauptung, dass Deutschland nicht Mitglied der Nato und der EU wäre, den Euro nicht hätte und die Todesstrafe eingeführt wäre, wenn dies in Volksabstimmungen entschieden worden wäre. Doch hier wird meist ein Abstimmungsverhalten unterstellt, das es in Wirklichkeit vermutlich nicht geben würde. Denn derartigen Voten geht jeweils eine umfangreiche öffentliche Debatte voraus, anders als bei einer oberflächlichen RTL-Telefonumfrage.

Die etablierten Politiker beschimpfen die Nichtwähler als Verräter. Wenn sie aber erst einmal die stärkste Wählergruppe werden, dann können sie eine nachhaltige, das Parteisystem verändernde Wirkung erzielen.[154]

---

[154] vgl. Steingart, Gabor: „Die gestohlene Demokratie", München 2009, S. 195.

Die Wähler werden in Deutschland überfordert, weil sich das Land in einem Dauerwahlkampf befindet. „Allein durch die neuen Bundesländer sind zehn neue Wahlen hinzugekommen, fünf Landtagswahlen, fünf Kommunalwahlen. In Deutschland wird pausenlos irgendwo gewählt. Jedes Jahr ist ein Superwahljahr."[155] Einen perfekten Vorschlag dazu hat Patrick Adenauer, der Enkel Konrad Adenauers. Er schlägt vor, alle Wahltermine auf einen Tag zusammenzulegen und für den Fall, dass vorzeitige Wahlen nötig würden, wäre die Legislaturperiode bis zum nächsten allgemeinen Wahltag verkürzt.[156]

Die EU: Eine undemokratische, nichtsnutzige, korrupte Arena

Die EU ist eine Entsorgungsstätte für Politiker, die man abschieben und / oder ruhig stellen möchte, oft arbeitsscheue, abgehobene Altlasten und Spinner. Bisher war es so, dass viele EU-Abgeordnete aus Strasbourg in die Politrente gehen, jetzt holt man sich schon die Rentner in das EU-Parlament. Neuer Parlamentspräsident ist inzwischen ein 69jähriger, der Pole Jerzy Buzek, ehemaliger Solidarnosc-Aktivist. Die junge Generation, der frische, selbstbewusste Nachwuchs, bleibt draußen. Die alten Herren der EU machen die Personalpolitik unter sich aus.

---

[155] „Schafft die Parteien ab!", ein Gespräch mit Richard David Precht, in: Cicero 7/2009, S. 119.
[156] vgl. Adenauer, Patrick: „Adenauer fordert Änderungen", in: Cicero 6/2009, S. 101.

Produziert wird nur Unfug. Gigantische Vermögen werden sinnlos verschoben. Unsinnige Subventionen werden verteilt, speziell im Agrarbereich. Eine Kuh wird täglich mit 2,50 Euro subventioniert. Golfclubs können seit der Agrarreform Fördergelder und Prämien erhalten, wenn sie behaupten, ihre Spielplätze dienen der Erhaltung des guten ökologischen Zustandes der Landschaft, während weltweit Milliarden Menschen von weniger als einem US-Dollar pro Tag leben müssen.

Im vergangenen Jahr sind erneut EU-Fördermittel in Milliardenhöhe veruntreut worden. Aufgrund unzureichender Kontrollen sind allein bei den Förderprogrammen für strukturschwache Regionen drei Milliarden Euro verschleudert worden, die nie hätten bewilligt werden dürfen. Dies beanstandete der EU-Rechnungshof.[157] Niemand wird dafür zur Rechenschaft gezogen. Bananenrepublik pur.

EU-Abgeordnete leiten hohe Summen in die eigenen Taschen. Mit Geldern der Gemeinschaft bezahlen sie z.B. die nicht tätige Ehegattin als Sekretärin, den nicht tätigen Sohn als Assistenten, private Flugreisen, Angestellte eigener, privater Firmen, angebliche Dienstleistungsaufträge an Dritte, Gratifikationen, Sonderzahlungen.[158] Dafür steht ein Topf in Höhe von 136 Millionen Euro für „Assistenzdienstleistungen" zur Verfügung, aus dem sich die Europaparlamentarier locker bedienen können. Die meisten

---

[157] vgl. „Milliarden EU-Fördermittel zu Unrecht ausgezahlt", in: Hamburger Abendblatt vom 11.11.2009
[158] vgl. „Leichtes Spiel für Abzocker im Parlament", in: stern 12/2008, S. 180.

Abgeordneten weigern sich hartnäckig, Belege für ihre Ausgaben vorzulegen. Diese kriminelle Machenschaften gehen aus einem vertraulichen Prüfbericht hervor, der nur ausgewählten Abgeordneten in einem geschützten Datenraum zugänglich ist – Mitnahme ausgeschlossen. Niemand kommt auf die Idee, diesen Skandal, der in jede Bananenrepublik passt, aufzudecken. Die Redaktion des „stern" konnte den explosiven, hochgeheimen Report einsehen. Der EU-Rechnungshof hat diese eklatanten Verstöße gerügt. Doch statt die Belege konsequent einzufordern, lockerte das EU-Parlament unter Leitung seines damaligen Präsidenten Hans-Gert Pöttering (CDU) im Dezember 2008 die Vorschriften. Demnach genügt es, statt echter Quittungen künftig nichts sagende „Beleglisten" einzureichen, um die Ausgaben nachzuweisen.[159] Fragen zu diesen mafiosen Machenschaften lässt Pöttering natürlich unbeantwortet. Es wird alles verheimlicht und verschleiert.

Verschleiert und verheimlicht soll auch werden, wie viel Deutschland jedes Jahr zum EU-Haushalt beiträgt. Etwa neun Milliarden Euro zahlte die Bundesrepublik im vergangenen Jahr netto nach Brüssel, das ist ungefähr so viel, wie die drei anderen einwohnerstarken EU-Nationen Frankreich, Italien und Großbritannien zusammen entrichtet haben. Die EU will dies anders formuliert haben. EU-Haushaltskommissar Algirdas Semeta (Litauen) will dies nicht ausgesprochen sehen. Er fordert, man solle das Konzept der Nettobeitragszahlungen nicht verwenden, sondern sich mehr auf den EU-Mehrwert zu konzentrieren. Doch auch diese

---

[159] vgl. ebd.

Verschleierungstaktik kann nicht darüber hinwegtäuschen, dass die Bundesrepublik unangemessen hohe Mitgliedsbeiträge an die EU abführt, selbst wenn man die EU-Subventionen an Deutschland abzieht. Der deutsche Beitrag an die EU dürfte 2010 um 4,3 Milliarden steigen, auf insgesamt brutto 25,8 Milliarden. Während Deutschland immer mehr Geld nach Brüssel überweist, wird anderen Staaten ein völlig unbegründeter Nachlass gewährt, so erhielt zum Beispiel Großbritannien 2008 einen Rabatt in Höhe von 6,3 Milliarden Euro. Damit leisten die Briten etwa 10 Prozent des deutschen Beitrages.[160]

Es gibt aber auch einige wenige Idealisten unter den 736 EU-Abgeordneten, die von den alten Hasen als Exoten belächelt werden. Die Münchnerin Nadja Hirsch (31) ist so eine. Sie sitzt für die FDP in EU-Parlament. Nadja Hirsch ist in Brüssel die Abgeordnete Nr. 570. Sie träumt davon, dass sie etwas bewirken kann im europäischen Hexenkessel: 27 Mitgliedsstaaten, 23 Amtssprachen, je einen Amtssitz in Brüssel und Strasbourg, ein Parlament, ein Rat und eine Kommission. Sie entscheidet mit über ein Budget in Höhe von 134 Milliarden Euro und glaubt tatsächlich, dass sie das Unmögliche kann: „Ich will mit meiner Arbeit die Leute für die Idee Europa begeistern."[161] Ob sie wirklich selbst glaubt, dass ihr das auch nur annähernd gelingen kann, in ihrem zwölf Quadratmeter großen Büro? Vielmehr ist anzunehmen, dass sie sich noch eine Zeit lang im Parlamentsgebäude der EU verlaufen wird, denn das EU-Parlamentsgebäude „ist wie ein Symbol für die Politik,

---

[160] vgl. „Das Milliarden-Tabu", in: Focus 42/2009, S. 162
[161] zit. nach: Millionen in Minuten verteilt", in: Focus 43/2009, S. 166.

die hier gemacht wird. Kaum einer findet sich zurecht ... Ein Irrgarten auf 15 Etagen."[162] Phantasten wie Nadja Hirsch haben Visionen und Missionen. „In Brüssel hat fast jeder eine Mission. Hirschs Mission ist dieselbe wie im Stadtrat in München. Als Linksliberale will sie sich für mehr Bildung einsetzen."[163] Sie wird wenig bis nichts bewirken können. Unbekannte EU-Abgeordnete haben es schwer in Brüssel.

Das zentralistisch geführte Europa erlässt mittlerweile 80 Prozent aller Vorschriften, die deutschen Abgeordneten haben bisher alles durchgewinkt und sich damit selbst entmündigt. „18.167 Verordnungen und 750 Richtlinien, die etwa hunderttausend Seiten füllen, hat die Europäische Union mit ihren 40.000 Beamten und Bediensteten zwischen 1998 und 2004 auf den Weg gebracht"[164], die meisten davon völlig unnötig – oder ist es etwa wichtig, wenn die Nichtsnutze in Brüssel darüber entscheiden, „ob – von Helsinki bis Palermo – die Wäsche noch im Hof und auf dem Balkon aufgehängt werden darf."[165] Vielleicht werden bald Verordnungen und Richtlinien gegen Übergewicht erlassen. Im Zuge dessen werden dann „Dickmacher" wie Süßigkeiten, Hamburger, Currywurst oder Pizza verboten und Zuwiderhandlungen bestraft.

Die EU schreibt den Krümmungsgrad von Gemüsegurken und Bananen vor. Die Liste der schizophrenen Verordnungen ist endlos lang. Der neueste EU-Regelungswahnsinn wurde im Oktober 2009

---

[162] zit. nach ebd.
[163] zit. nach ebd.
[164] Schneider, Peter: „Die sanfte Diktatur", in: Cicero 6/2009, S. 45.
[165] ebd.

bekannt: Alle Fische, die von Hobby- und Sportanglern an den Küsten der EU gefangen werden, sollen gemeldet werden. Jeder Angler soll zum Amt gehen und seinen jeweiligen Fang registrieren lassen. Anzugeben ist demnach Art, Größe Länge und Gewicht der gefangenen Fische. Doch damit nicht genug. Die Bürokratie-Monster in Brüssel wollen auch eine Sünderkartei mit Punkten wie bei Verkehrsverstößen mit dem PKW. Punkte und Bußgelder würde demnach jeder erhalten, der gegen eine Fischerei-Regel verstößt.[166]

Die 420 Millionen Eurobürger haben die 24 Kommissare in Brüssel nicht gewählt, die in vielen Belangen mehr zu sagen haben als jede der 27 Regierungen, die sie entstand haben.[167]

Die EU hat beispielsweise zu verantworten, dass in Supermärkten immer öfter Mogelpackungen zu finden sind. Die Masche «geringere Füllmenge bei gleichem Preis» wird mittlerweile bei vielen Produkten angewendet. Grund dafür ist eine EU-Richtlinie, nach der die verbindlichen Mengenvorgaben für Lebensmittel entfallen. Damit öffnet die EU zum Betrügern Tür und Tor.

Die EU ist auch eine Organisation der Beliebigkeit. Wenn ein Land aus nationalistischen Gründen aus der Reihe tanzen möchte, so bitte gerne, es bekommt eine Extrawurst gebraten. Sonderrechte für Tschechien? Kein Problem. Tschechien stellte eine Vorbedingung für die Unterschrift unter den EU-Reformvertrag von Lissabon. Der Betonkopf Vaclav Klaus, Tschechiens Präsident, erpresste die EU

[166] vgl. „Angler sollen Fang beim Amt melden", in: www.bild.de vom 19.10.2009
[167] vgl. ebd.

und verlangte eine „Fußnote" zugunsten Tschechiens unter den Vertrag, bevor er seine Unterschrift unter die Ratifizierungsurkunde setze. Monatelang hat er die Europäische Union vor sich hergetrieben. Bitte sehr, bitte gleich. Ein „Gipfel-Kompromiss" wurde gefunden. Tschechien wurde per Vertragszusatz zugesichert, dass die im Lissabonvertrag enthaltene Grundrechtecharta keine Rechtsgrundlage für mögliche Klagen gegen die so genannten Benes-Dekrete von 1945 darstelle. Auf deren Grundlage waren mehr als zwei Millionen Sudetendeutsche und Hunderttausende von Ungarn aus der damaligen Tschechoslowakei vertrieben worden.

Das Bundesverfassungsgericht hat dem schrecklichen Treiben der EU jetzt einen Riegel vorgeschoben. Dies haben der CSU-Abgeordnete Hans-Peter Gauweiler und Gregor Gysi (Die Linke) mit ihrer Verfassungsklage gegen den EU-Vertrag von Lissabon erreicht. Die Richter stellten überraschend deutlich klar, dass das EU-Parlament absolut undemokratisch sei, wenn man die Grundsätze der repräsentativen Demokratie anlegt, die in Deutschland gelten. So würden beispielsweise die EU-Abgeordneten nicht nach dem Grundsatz der Wahlgleichheit gewählt, sondern nach „nationalen Kontingenten". Dies führe dazu, dass zum Beispiel ein maltesischer EU-Abgeordneter auf 67 000 Malteser kommt, ein schwedischer auf 455 000 Schweden und ein deutscher EU-Parlamentarier auf 857 000 Deutsche. Diese Diskriminierung haben deutsche Politiker anerkannt, die deutschen Bürger wissen und interessiert das kaum. Sie wehren sich nicht.

Die Karlsruher Richter haben die „drohende Uferlosigkeit" der Brüsseler Bürokraten bei der Gesetzgebung angeprangert, die den „nationalen Schutzraum" verletzt. Die EU darf also nicht regulieren, wo es um „die Staatsbürgerschaft, das zivile und militärische Gewaltmonopol, Einnahmen und Ausgaben einschließlich der Kreditaufnahme, sowie die „für die Grundrechtsverwirklichung maßgeblichen Eingriffstatbestände" geht, z.b. im Strafrecht oder in kulturellen Fragen wie Presse-, Meinungs- und Versammlungsfreiheit.

Die EU, so die Verfassungsrichter, sei eben doch kein Staat, sondern ein „Verbund souveränrer Staaten", ein so genannter „politischer Sekundärraum". Dies bedeutet: Das EU-Parlament ist somit auch kein vollgültiges Repräsentativorgan. Zusammengefasst: „Einen Staat Europa wird es unter der Geltung des Grundgesetzes nicht geben."[168] Es war also ein Urteil des Bundesverfassungsgerichtes nötig, um die Politiker in Deutschland auszubremsen, d.h. den Versagern ihr großes Demokratiedefizit vorzuhalten und der Brüsseler Bürokratie Einhalt zu gebieten.

Greift man von den unseligen Brüsseler Vorgaben ein Beispiel heraus, etwa den „europäischen Haftbefehl", den die Versager im Bundestag kommentarlos durchgewinkt haben, so ergibt sich folgendes Bild bei der Anhörung vor dem Bundesverfassungsgericht: „Wie Schuljungs stotterten die

---

[168] Ex-Verfassungsrichter Paul Kirchhof, zit. nach: „Wut und Tränen", in: DER SPIEGEL 28/2009, S. 30.

Volksvertreter vor den Richtern. Sie konnten nicht sagen, was sie sich dabei gedacht hatten, weil sie sich gar nichts gedacht haben."[169]

Als wäre das personelle Desaster in der EU-Führung nicht schon groß genug, kann man die personelle Inkompetenz scheinbar immer noch erweitern. Denn jetzt kommt der sprachbehinderte Schwabe Günther Oettinger als neuer EU-Kommissar für Energie nach Brüssel.

Die Presse – die vierte Gewalt im Staat

Eine freie Presse ist die Basis einer Demokratie. Doch dazu gehört auch eine demokratische Medienwelt. Wenn man sich in Deutschlands Medienszene umsieht und dann feststellt, wem die großen Zeitungen gehören, dann wird schnell klar: Die Presse ist zweifelsfrei die 4. Gewalt im Staat.

Politisch tendenzielle Berichterstattung und die Manipulation der Meinung sind gängige Praxis aber höchst unanständig. Deutschland ist zur Mediendemokratie verkommen. Es besteht die Gefahr eines Informationsmonopols. Dann würden die Wege zu einer Diktatur bereitet.

Die politischen Parteien üben rücksichtslos ihren Einfluss auf die Medien aus. Auf die öffentlichen Rundfunk- und Fernsehanstalten können sie über die Personalpolitik direkt einwirken. Themen, die

---

[169] Thomas Darnstädt: „Erklärt Europa", Essay, in: DER SPIEGEL 29/2009, S. 35.

dem Machterhalt nicht dienlich sind, werden tabuisiert. Es entsteht immer dann ein „Kartell des Schweigens" wenn es um Defizite in der Regierung geht. Auch zu sensiblen Themen, etwa die Abschaffung des Beamtentums oder die Entlohnung und Privilegien von Abgeordneten, äußert sich kaum ein Politiker. Willfährige Journalisten tun das übrige, im den sie die Themen nur ganz am Rande, oder überhaupt nicht aufgreifen. Es gibt eine unheilige Allianz der Mächtigen mit willfährigen Sendern, Verlagen und Journalisten, die eine Öffentlichmachung oder Diskussion über unangenehme Fragen verhindert.

Die Fernsehsender sind sich längst bewusst, dass sie die vierte Gewalt im Staat sind. Tatsächlich ist es auch so, dass sie mit ihren vielen Talkshows die politischen Themen vorgeben. Diese politischen Gesprächsrunden sind ein Ersatzparlament, in dem die Teilnehmer meist nach politischem Proporz sitzen. Die Einschaltquoten dort sind viel höher als bei der Übertragung von Bundestagssitzungen. Entsprechend drängen sich die politischen Matadore in die Sendungen, sie buhlen darum, eingeladen zu werden, denn es sind Foren für Selbstdarsteller. In einer Talkshow können Politiker freier agieren als im Bundestag, wo die Fraktionsdisziplin herrscht und wo man mehrheitlich abnickt, was Regierung und Fraktionschefs zuvor schon festgelegt haben. Ein Auftritt bei Anne Will oder Maibritt Illner ist insofern ein Ausgleich für die im Bundestag verhinderte Mandatsausübung.

Unter den Verlegern gibt es erbärmliche Feiglinge. Sie fürchten sich oft, Wahrheiten zu veröffentlichen, die zu unangenehmen Reaktionen führen könnten. Der Düsseldorfer Verleger Droste ist so einer. Im Oktober 2009 sollte das Buch „Wem Ehre gebührt" erscheinen. In dem Roman der Autorin Gabriele Brinkmann wird über einen Ehrenmord geschrieben. Einige Textpassagen wurden als „gefährlich" eingestuft. Droste sah darin ein Sicherheitsrisiko und fürchtete Angriffe von Islamisten. Die Autorin weigerte sich, auf diese Passagen zu verzichten. Darauf strich Droste den Roman aus dem Verlagsprogramm.

Die Journalisten:
Eitel, anmaßend, hinterlistig und unerträglich

Viele deutsche Journalisten kann man als Hofschranzen, Lohnschreiber der Konzerne, niederträchtige Beleidiger und Rufmörder bezeichnen. Deshalb rangieren sie bei mehren Umfragen in der Vertrauensskala der Berufsgruppen ganz unten. Zu Recht, denn sie sind „eitel, anmaßend, hinterlistig, selbstverliebt und unerträglich."[170] Dies trifft sicherlich nicht auf alle Journalisten zu, aber auf einen großen Teil.

Klar, Journalisten wollen gesendet, gehört, gedruckt und gelesen werden. Oft berichten sie nicht, was tatsächlich passiert und noch weniger über die tatsächlichen Hintergründe, viel wichtiger ist der

---

[170] vgl. hier und Kapitelüberschrift: Klöckner, Julia: „Ein Fall für zwei", in: Cicero 5/2009, S. 106.

Bericht, der zu mehr Status, mehr Aufmerksamkeit, schnellerer Karriere führt.[171]

Was wollen Journalisten? „Im Zweifel Krawall. Mit netten, informativen Beiträgen macht man keine Medienkarriere. Sondern mit der Anklage, mit Kritik, mit Enthüllung."[172] Jedes Kopfkratzen, jeder Räusper, jede Krawatte wird bereits interpretiert. Aus einem Naserümpfen leitet man schnell „Zoff unter Fraktionskollegen" oder „Müller geht auf Maier los" ab. Oft schreiben die Damen und Herren Journalisten auch nur das ab, was die so genannten Leitmedien vorgeben, woraus sich ergibt: Mehr Medien bedeutet nicht automatisch mehr Pluralität.[173]

Journalisten manipulieren, sie dramatisieren und fälschen. Kurz vor der Bundestagswahl 2009 wurden Belanglosigkeiten zu Riesenskandalen hoch geschrieben. Fast jede Zeitung hat versucht, den Wähler in die Richtung zu manipulieren, in die sie ausgerichtet ist. Bei Print- und TV-Magazinen war diese Absicht nicht minder deutlich zu erkennen. Und nach der Wahl begann der Kampf um die schnellere Nachricht. Jedes Gerücht wurde aufgegriffen, jedes Waschweib als Quelle herangezogen.

Journalisten als Gerüchteköche – Der Fall Regierungsbildung

Viele politische Journalisten leben allein vom Flüstern, Wispern und gezielten Indiskretionen aus Regierungs- und Koalitionskreisen. Das

---

[171] vgl. ebd.
[172] ebd.
[173] vgl. ebd.

betrifft in erster Linie Personalien aber auch wichtige politische Entscheidungen. Jedes Gerücht, jede Indiskretion wird aufgenommen, der Wahrheitsgehalt spielt eine völlig untergeordnete Rolle. So werden sie zu Mittätern, zu Komplizen der politischen Intriganten.

Politische Journalisten haben ihre eigenen Netzwerke, zu denen auch mehr oder weniger wichtige Abgeordnete und deren Mitarbeiter gehören. Aus diesen Kreisen werden Informationen zugespielt. Jede kleine Indiskretion ist willkommen, gleichgültig ob fundiert oder nicht fundiert. gleichgültig. Dies war währen der schwarz-gelben Regierungsbildung 2009 besonders ausgeprägt. Was an „geheimen" Informationen „vielstimmig" an angeblichen Tendenzen, Beschlüssen, Zerwürfnissen und natürlich Personalien durchsickerte oder gezielt „gezwitschert" wurde, war die Nahrung für den großen Teil des deutschen Journalismus. Recherche unnötig, sofortiges Weitertragen durch Veröffentlichung geht vor, auch wenn Stunden später genau das Gegenteil geflüstert wurde. So konnte die neue Form des Journalismus weiter ausgeprägt werden: Der Gerüchtejournalismus.

Besonders verzweifelt, hilflos und voreilig waren die Damen und Herren Journalisten bei der Berichterstattung über die Personalentscheidungen der neuen Bundesregierung. Man konnte die Profis nur bemitleiden, wie oft sie in ihren öffentlichen Spekulationen und kompetenten Voraussagen daneben lagen. „Solms Finanzminister", „Bleibt Guttenberg auf der Strecke?", „Guttenberg Finanzminister?" "Thomas de Maizière wird

Finanzminister", „Schäuble Verteidigungsminister?", „Schäuble Finanzminister" und so weiter lauteten die inkompetenten Personalmeldungen der politischen Journalisten.

Die seriöse Berichterstattung gehört der Vergangenheit an, denn Journalisten werden immer vager. In ihren „Nachrichten" folgt auf das „vermutlich" ein „dem Vernehmen nach", „soll", „mutmaßlich", „wie aus gut informieren Kreisen zu vernehmen war", „man kann davon ausgehen", „könnte", „dürfte" und so weiter. Die Nachrichten sind also gar keine Nachrichten, die Meldungen keine Meldungen, sondern alles nur Luftblasen. Das Gerücht in der Konditionalform ist nur ein Versuchsballon mit vorsorglichem Dementi. Das ist kein Journalismus, allenfalls Schmierenjournalismus. Nur wenige Zeitungen und Magazine verzichten auf diesen Stil.

Journalisten als Nebelmaschinen – Der Fall „Schall und Rauch"

Oft pervertiert die Berichterstattung in so unerträglicher Weise, dass man sich vornimmt, nie wieder eine Zeitung oder ein Magazin zu lesen. Man reibt sich die Augen, wenn an einem Tag von dem einen Medium ganz genau das Gegenteil dessen berichtet wird, was das andere Medium berichtet. Manche Zeitung schreibt heute über einen Sachverhalt, vom dem sie am Folgetag exakt das Gegenteil behauptet. Alles wird zu Schall und Rauch. Es folgen einige Beispiele:

Beispiel Schweinegrippe

23. Juli 2009 „Das Virus gerät außer Kontrolle" (Bild)

24. Juli 2009 „Vormarsch der Schweinegrippe abgebremst" (dpa)

06. August 2009: „Die Zahl der Schweinegrippen-Infizierten steigt täglich" (Bild).

Beispiel Wirtschaftskrise / Konjunktur

06. August 2009: „Beispielloser Konjunktureinbruch. Ein in der bundesdeutschen Geschichte beispielloser Einbruch des konjunkturellen Wachstums um sechs Prozent." (wirtschaft.t-online.de).[174]

06. August 2009: „Aufträge legen überraschend zu. Analysten: Paukenschlag" (wirtschaft.t-online.de).

Beispiel Steuereinnahmen

13. Oktober 2009: „Chance für Steuerreform durch unverhoffte Mehreinnahmen gestiegen." (Bild)

13. Oktober 2009: „Einbruch bei Steuereinnahmen verstärkt sich." (dpa)

Beispiel Kabinettsbildung Union + FDP 2009

Zu diesem Thema überschlugen sich die widersprüchlichen Meldungen der Medien. Die unseriösen, vielfach unzutreffenden Eilmeldungen über die angebliche Besetzung von Kabinettsposten in der neuen schwarz-gelben Regierungskoalition zeigte

---

[174] 1929 ging die Weltwirtschaftsleistung um 24 Prozent zurück.

überdeutlich, wie unter den Pressevertretern der erbärmliche Kampf darum tobt, wer zuerst etwas weiß. Beispiele:

22. Oktober 2009: „Muss Guttenberg in die zweite Reihe?" (t-online)
23. Oktober 2009: „Guttenberg bekommt zwei Ressorts zur Auswahl: Das Innen- und Verteidigungsministerium" (stern.de)
23. Oktober 2009: „Schäuble wird Finanzminister, Guttenberg soll Innenminister werden" (dpa, Rheinische Post)

Es wird also heute in diese, und am gleichen bzw. nächsten Tag in die andere Richtung geschrieben. Journalisten sind wie das Fähnlein im Winde, ihre „Nachrichten" wie Schall und Rauch.

Journalisten werden auch immer wieder zu Rufmördern. Sie zerstören eiskalt Schicksale und Existenzen. Auch hierzu ein Beispiel:

Journalisten als Rufmörder - Der Fall Niemeyer

Was Journalisten im Fall Jürgen Niemeyer angerichtet haben, ist derart perfide, dass man sich fragen muss, warum diese ihren Beruf noch ausüben dürfen. Nur in einen Bananenrepublik ist das möglich. Die Damen und Herren Journalisten hier mit der üblichen Beschimpfung „Schmierfinken" oder „Aasgeier" zu betiteln, wäre zu harmlos.

Es geht um die als „Sächsischer Sumpf" bekannt gewordene Affäre um Kinderprostitution und hochkriminelle Zuhälterkreise in

Leipzig. Den Leipziger Raum teilten sich zwölf Zuhälter auf, der so genannte "Zwölferrat". In diesem Umfeld hat die italienische Mafia in Leipzig seit Jahren ganze Straßenzüge aufgekauft und so Milliarden gewaschen. Ein Arm der kalabresischen Mafia "N'drangheta" ist dort zudem im Drogenhandel aktiv. In mehreren Strafverfahren ging es um mafiose Strukturen, um Prostitution, Rotlichtgrößen, illegale Grundstücksgeschäfte, Erpressbarkeiten, Vernetzungen zwischen Politik, Justiz und Kriminellen sowie einen Mordanschlag. Schon während der Ermittlungen haben die Angeklagten mit ihrem angeblichen Wissen über hochrangige "Kinderficker im Jasmin" gedroht. Der frühere Vizepräsident des Landgerichts Leipzig, Jürgen Niemeyer, hatte das Urteil gegen den Betreiber des betroffenen Bordells "Jasmin" gesprochen.

Bei einer Zeugenvernehmung haben dann tatsächlich zwei Prostituierte gezielt falsche Aussagen gemacht und dabei belasteten sie Jürgen Niemeyer. Die Prostituierten hatten behauptet, dass Niemeyer und andere hochrangige Juristen Freier im Kinderbordell "Jasmin" in Leipzig waren.

Die daraufhin losgetretene Pressekampagne gegen Richter Niemeyer ist beispiellos. Der „Tagesspiegel", der „Stern", der „Spiegel" sowie zahlreiche andere Zeitungen und elektronische Medien inszenierten unter Missachtung aller journalistischen Regeln eine üble Schmutzkampagne. Der Tagesspiegel titelte „Die dunkle Seite der Macht" und meldete „In dem Material, das dem Tagesspiegel vorliegt, gibt es deutliche Hinweise auf Absprachen, gegenseitige Erpressbarkeiten, Strippenzieher und merkwürdige

Justizentscheidungen."[175] Gemeint war erkennbar Niemeyer, der durch die falschen Zeugenaussagen schon ins Blickfeld der Öffentlichkeit gerückt war. Ein Leserbriefschreiber war begeistert: „Das ist Journalismus, wie ich ihn mir vorstelle!"[176] Der Spiegel schrieb über die „Korruptionsaffäre in Sachsen" und wusste zu berichten: „Nach SPIEGEL-Informationen ist auch ein Richter des Leipziger Landgerichts betroffen"[177] und meinte natürlich auch Richter Niemeyer. Der „Stern" ging ebenfalls ins Detail und berichtete über Verfassungsschützer, die „auf mafiose Strukturen der einheimischen Verwaltung, auf Staatsanwälte und Richter, auf Korruption, Kungelei und Kinderpornos" gestoßen seien. Und noch viel schlimmer, der „Stern" übernahm im gleichen Artikel die Behauptung eines angeklagten Allgäuer Immobilienhändlers, wonach seine Konkurrentin „über beste Verbindungen verfüge, Ihr Lebensgefährte ist Vizepräsident am Landgericht, das die Beschwerde, mit der sich die Allgäuer ... wehren, abweist. Den Fall hat ausgerechnet eine Richterin auf dem Tisch, die mit einem gewissen Norbert zusammenlebt, der dort auch Richter ist und zudem der beste Freund des Vizepräsidenten. Jeden Mittag gehen die beiden essen, ein Ritual, das heute wie das einzig gültige Gesetz in Leipzig anmutet."[178] Auch hier war unschwer zu erkennen, wer gemeint war.

---

[175] Beikler, Sabine: „Korruptionsaffäre in Sachsen. Die dunkle Seite der Macht", in: Der Tagesspiegel vom 7.7.2007
[176] ebd.
[177] vgl. Datt, Thomas, Ginzel, Arndt und Winte, Steffen:„Korruptionsaffäre in Sachsen - Dreckige Wäsche", in: DER SPIEGEL 04/2008, S. 48.
[178] beide Zitate vgl. Witzel, Holger: „Leipziger Völlerei", in: www.stern.de vom 22. Juli 2008

Der Betroffene Jürgen Niemeyer hat mir in einem Gespräch bestätigt, dass er im Rahmen der journalistischen Recherchen – außer vom Spiegel – von den Schreiberlingen nicht befragt wurde. Dies ist eine Ungeheuerlichkeit und eine grobe Verletzung der obersten journalistischen Regel, wonach man die von einer Beschuldigung Betroffenen, über die man berichten will, immer die Gelegenheit zur Stellungnahme gibt. Das wissen selbst Hobbyjournalisten.

Nachdem sich die Zeugenaussagen der beiden Prostituierten als falsch erwiesen und die Damen sodann ihrerseits vor Gericht gestellt wurden, war Richter Niemeyer gesellschaftlich und beruflich schon geächtet. Nur mit großen Hürden hat er wieder ins normale Leben zurückgefunden. Journalisten haben ihm das eingebrockt.

Journalisten als Beleidiger – Der Fall „Dreckschwein"

Auch bei üblen Verbrechen müssen Journalisten in der Berichterstattung maßvoll bleiben. Sie dürfen nicht vorverurteilen, nicht diskriminieren und schon gar nicht beleidigen.

Nachdem bei „Aktenzeichen XY" im ZDF nach einem Kinderschänder gesucht wurde, stellte sich der Täter der Polizei in Sonthofen (Bayern). Die größte deutsche Tageszeitung gelangte an Fotomaterial und veröffentlichte die Bilder. Dazu titelte sie: „So zeigte sich das Dreckschwein im Internet".[179] Im Text wird die Dreckschein-Ausdrucksweise wiederholt „Gestern Mittag stellte sich das Dreckschwein der Polizei in Sonthofen (Bayern)."[180]

Doch auch Menschen, die schlimmer Verbrechen beschuldigt werden, haben Rechte, speziell dann, wenn sie noch nicht verurteilt sind. Rechtsanwalt Markus Kompa schreibt dazu: „Damit wäre der Zweck der Verbreitung des Bildnisses entfallen, denn die Fahndung ist zu Ende. Was machen die Medien? Sie illustrieren die Meldung, dass der Täter sich gestellt hat, exakt mit dem Fahndungsfoto - das nunmehr keines mehr ist ... Für eine Anprangerung eines nicht verurteilten Täters in den Medien gibt es keine Rechtsgrundlage. Die Regeln über die Art und Weise entsprechender Berichterstattung sind im Kodex des Deutschen Presserates hinreichend ersichtlich. Strafe ist Sache des Strafrichters .... Was mich aber stört, ist die unprofessionelle Gleichgültigkeit, die manche angeblich seriösen Medien an den Tag legen. Wenn es sich um ein sozial besonders geächtetes Delikt handelt, dann scheint man mit zweierlei Maß messen zu dürfen."[181]

Abmahnungen des Presserates, die auf solche Entgleisungen regelmäßig erfolgen, sind wirkungslose und reine Luftnummern. Die betroffenen Medien nehmen diese mit großer Gelassenheit entgegen.

---

[179] „So zeigte sich das Dreckschein im Internet", in: www.bild.de vom 07.08.2009
[180] ebd.
[181] Kompa, Markus: Blog zum Medienrecht, in: www.kanzleikompa.de

Moderatoren als Betrüger – der Fall Sat1, 9Live und Das Vierte

Mache TV-Sender nutzen die Dummheit ihrer Zuschauer in niederträchtiger Weise aus. Bei Gewinnspielen wird in unlauterer Weise getrickst und gelogen, um die Anrufer abzuzocken. Die Sender verdienen bei „Call-In-Spielen" riesige Summen, denn der Spielteilnehmer zahlt die Anrufgebühren, die den Sendern zum größten Teil gutgeschrieben werden. Die Moderatoren haben also die Aufgabe, die Zuschauer möglichst lange am Telefon zu halten. Dabei werden die Moderatoren zum Nepper, Schlepper, Bauernfänger. Mit unklaren oder irreführenden Äußerungen des Moderators, die eine Nachfrage des Anrufers erfordern, wird der Anruf verlängert. Mit Vorspiegelung von Zeitdruck und Hinweisen wie „Sie sind nahe dran, gleich ist die Zeit vorbei, 6500 Euro sind schon sicher, rufen Sie noch schnell an!" werden weitere Anrufer gelockt. Die angekündigte Spielzeit von drei Stunden wird dann locker auf vier oder fünf Stunden erweitert. Intransparenz des Ratespiels wie fehlende – aber notwenige – Hinweise auf die Lösung sind ein weiterer Trick.

Der Gipfel der Irreführung ist es aber, wenn nach Lösungen oder Namen gefragt wird, die kein Zuschauer kennt. So fragte 9Live nach bestimmten „Autos mit O". Klar, denken die Anrufer, Opel, Honda, Rover oder Toyota. Doch weit gefehlt, der tricksende TV-Sender, erwartete als Lösung die Namen „Luc Court", „Deep Sanderson" oder „Baudouin". Selbst Autonarren und Spezialisten der Kfz-Industrie haben diese Namen noch nie gehört. Und wer „Baudouin" im Internet recherchiert, findet dort als Erklärung entweder „Baudouin, König von Belgien", oder „Baudouin - Bootsmotor Diesel-Innenborder". Für mich ist das glatter Betrug.

Diese und ähnliche Irreführungen verstoßen gegen die Gewinnspielverordnung und können von den Landesmedienanstalten mit Bußgeld geahndet werden. So ist es auch geschehen. Gegen 9Live wurden 95.000 Euro Geldbuße verhängt, gegen Sat1 40.000 Euro und gegen Das Vierte 12.000 Euro. Doch darüber schmunzeln die Verantwortlichen vermutlich ebenso, wie die Zeitungen, die von Presserat gerügt werden. Die Bußgelder dürften im Verhältnis zu den Gewinnen unbedeutend sein.

9Live und Sat1 haben gegen die Bußgelder Klage vor dem Bayerischen Verwaltungsgerichtshof erhoben, weil an der Rechtsmäßigkeit der Gewinnspielsatzung Zweifel bestünden. Tatsächlich sind Bußgelder bis zu 500.000 Euro möglich. Warum wird dieses Strafmaß nicht ausgeschöpft?

Journalisten als missgünstige Querulanten – Der Fall Obama

Seit der Minute, in der bekannt wurde, dass US-Präsident Barack Obama den Friedensnobelpreis 2009 erhält, munitionierten sich Journalisten und kläfften missgünstig gegen die Entscheidung des Nobelpreiskomitees. Es gab Elaborate wie „Nein, Obama hat's nicht verdient"[182] oder „Friedensnobelpreis – aber wofür?"[183]

---

[182] Gloger, Katja: „Nein, Obama hat's nicht verdient", in: www.stern.de vom 20.10.2009.
[183] „Friedensnobelpreis –aber wofür?", in www.nachrichten.t-online.de vom 09. 10. 2009.

Offensichtlich gekränkt, weil sie niemand gefragt hat, ob sie mit der Preisverleihung einverstanden sind, trugen die Journalisten in Windeseile feindliche Stellungnahmen zusammen, wie etwa den Unsinn von Lech Walesa, der glaubte, beurteilen zu können: „Das geht zu schnell" oder die neidvolle Stellungnahme von Iain Martin vom Obama-kritischen Wall Street Journal: „Absolut bizarr. Nun kann also ein Staatsmann den Nobelpreis dafür gewinnen, dass er zusagt, irgendwann einmal in der Zukunft Frieden bringen zu wollen."[184]

Besonders gehässig die Autorin des Stern. Sie schimpft über „einen Preis, der offenbar nicht mehr auf dem Boden der Realität vergeben wird, sondern im Wolkenkuckucksheim grundloser Hoffnungen"[185] Ein grober Unfug, denn die Nobelpreisverleihung an Obama ist sehr fundiert und nachvollziehbar begründet. Der Preis für Obama war eine Investition in die Zukunft. Der US-Präsident hat ein „neues Klima in der Weltpolitik geschaffen … Nur selten hat ein einziger Mensch die Aufmerksamkeit der Welt derart auf sich gezogen und den Menschen Hoffnung auf eine bessere Zukunft gegeben wie Obama."[186]

Der Direktor der Nobelkomitees antwortete auf die Frage, ob diese Preisvergabe nicht zu früh sein: „Keineswegs, wenn Sie sich die Geschichte der Nobelpreise ansehen, haben wir sie oftmals vergeben, um Bemühungen der Preisträger zu stärken."[187] So hatten

---

[184] zit. nach ebd.
[185] Gloger, Katja, a.a.O.
[186] aus der Begründung der Nobelpreiskomitees zur Preisverleihung an Obama.
[187] zit. nach: „Friedensnobelpreis – aber wofür?", a.a.O.

1978 der ägyptische Präsident Anwar el Sadat und sein israelischer Amtskollege Menachem Begin die Auszeichnung für ihre Bemühungen um die Aussöhnung im Nahen Osten erhalten.

Was das Komitee nicht formulieren konnte, spielt für die Preisvergabe sicherlich auch eine Rolle: Obama hat eine Gruppe von Gangstern im Amt abgelöst, Bush, Rumsfeld, Cheney und Konsorten, die als Kriegsverbrecher in die Annalen der Geschichte eingehen werden und einen wesensgleichen Nachfolger verhindert. Unabhängige Organisationen gehen von über einer Million toten Irakern aus.[188] Die hat George Bush jr. zu verantworten, abgesehen von einer Billion Dollar, die er sinnlos in diesen Wahnsinn gesteckt und den Vereinigten Staaten damit selbst, sowie dem Ansehen der USA in der Welt dramatisch geschadet hat. Obama hat diesen Despoten sowie einen ähnlich gestrickten Nachfolger verhindert und die Welt mit den USA versöhnt. Dafür hat er zehn Nobelpreise verdient.

Journalisten, die sich als missgünstige Querulanten benehmen, pumpen unerträgliche Arroganz in die Medien. Sie schieben nämlich neutrale Fakten und Hintergründe zugunsten ihrer nicht gefragten, eigenen, privaten Meinung und persönlichen politischen Tendenzen beiseite. Deutschland leider darunter besonders stark, da die Medienlandschaft zweigeteilt ist in eine starkes Lager, das – um das Wort rechts zu vermeiden – eher wertkonservativ einzuordnen ist, sowie ein linksliberales Lager.

---

[188] Jürgen Todenhöfer im Interview mit Arno Luik, stern, 24. Juli 2008, in: www.reporter-forum.de vom 24.07.2008.

Journalisten als weltfremde Scheinheilige
Der Fall Peter Hahne

Es gibt viele Weltverbesserer unter den Journalisten, weltfremde Scheinheilige, die die Moral gepachtet haben. Der verhinderte Pfarrer Peter Hahne, Theologe, Bestsellerautor, politischer ZDF-Moderator und Verfasser frommer Kolumnen wie „Gedanken am Sonntag" (der Titel „Wort zum Sonntag" ist ja schon besetzt) ist so einer. Die taz nennt ihn den „verklemmten Hahne, der stets die Fahne der christlichen Sexualmoral hochhält, ein schwules Chamäleon".[189] Peter Hahne ist der Peter Hintze des Journalismus. Ich mag keine Pfarrer in der Politik und keine Theologen im Journalismus (vom Osservatore Romano einmal abgesehen). Sie sind weltfremd und sollten bei ihren Leisten bleiben.

Hier nur ein Beispiel: In seiner Sonntag-Kolumne giftet Peter Hahne beispielsweise gegen Prof. Gunther von Hagen, den weltberühmten, renommierten „Plastinator" mit seiner Ausstellung „Körperwelten", in der echte, anatomisch präparierte menschliche Körper präsentiert werden. Auf keine andere Weise kann man so anschaulich, ästhetisch und lehrreich Wissen über das eigene Körperinnere erwerben. Durch eine von Prof. Hagen entwickelte Konservierungstechnik werden die Körper und deren inneren Organe dauerhaft und naturgetreu erhalten. Nie zuvor gesehene Exponate zeigen unseren Körper im Kreislauf von der Geburt bis in den Tod. Es wird in atemberaubender Weise gezeugt, wie sich der

---

[189] vgl. „Peter Hahne und Edmund Stoiber: Das Chamäleon und der Landesfürst", in „taz" vom 15.08.2006.

Körper im Laufe eines Lebens verändert, wie er entsteht, reift, den Höhepunkt erreicht und mit dem Alter schwächer wird.[190] Innerhalb von zehn Jahren entstand so die erfolgreichste Ausstellung ihrer Art in der Welt. Sie hat bisher 28 Millionen Besucher angelockt. Doch Oberlehrer, Moralist, Pfarrer und Journalist Peter Hahne rennt dagegen Sturm. In seiner Sonntags-Kolumne titelt er: „Über einen Leichenschänder, der bei uns als Künstler gilt" und stänkert "Hier werden gesichtslose, enthäutete und zersägte menschliche Leichen, auf Muskelstränge reduziert, der öffentlichen Sensationsgier preisgegeben."[191]

Peter Hahne nennt Professor von Hagen einen „Leichenschänder". Er verweigert ihm brüsk die Bezeichnung Künstler. Doch den Plastinator nur einen Künstler zu nennen, wäre zu gering, denn von Hagen ist ein Genie. Mit seinen Exponaten vermittelt er Anatomie anschaulicher als dies ein Medizinprofessor bei der Vorlesung tun könnte. Auf www.koerperwelten.de kann sich jedermann ein eigens Bild machen. Immer mehr Menschen stellen ihre Körper für die Forschung des Professors von Hagen zur Verfügung. Sie finden es phantastisch, damit einen Beitrag zur Wissenschaft zu leisten. Alle diese Forschungsobjekte drücken damit in Richtung des Peter Hahne aus: „Mein Körper gehört mir!". Gelegentlich wird Peter Hahne als Regierungssprecher gehandelt. Da könnte er nach Herzenslust predigen. Er verehrt die Kanzlerin, und sie weiß dies zu würdigen. Liebediener haben bei ihr immer Aussicht auf einen

---

[190] vgl. www.koerperwelten.de
[191] Hahne, Peter: „Gedanken am Sonntag. Über einen Leichenschänder, der bei uns als Künstler gilt" in: Bild am Sonntag vom 10.05.2009.

Posten, speziell wenn es Spaßbremsen sind. Ich meine aber, Hahne sollte sich lieber auf seine Buchtitel wie „Das Weihnachtbuch" oder „Viel Glück und viel Segen" beschränken.

Die saudische Journalistin Rosanna al-Yami ist im Oktober 2009 in Saudi-Arabien für eine Fernsehsendung über Sex zu einer Strafe von 60 Peitschenhieben verurteilt worden (der saudische König hat sie später begnadigt). Die 22jährige arbeitete für eine Fernsehshow.[192] Ich bin gegen jede Gewalt. Folter ist abartig. Gehässig, wie ich bin, würde ich aber manchem Journalisten und mancher Journalistin gelegentlich einen Peitschenhieb wünschen. OK, das war gemein. Begnadigung nicht ausgeschlossen.

Die Bürger: Geradeaus in die Verblödung

Es gibt zwei aktuelle Bücher, die vor der fortschreitenden Verblödung und dem allgegenwärtigen Blödsinn in den Medien und der Politik sowie den verheerende Auswirkungen auf die Gesellschaft warnen: „Die verblödete Republik" und „Warum wir hemmungslos verblöden".[193] Diese beiden Bücher sollten Pflichtlektüre für jeden deutschen Politiker sein. Denn sie haben das Niveau zu verantworten, in dem sich dieses Land befindet. Die Politik versäumt es vorsätzlich, mit einer besseren Kultur- und Bildungspolitik gegenzusteuern.

---

[192] vgl. „TV-Journalistin zu 60 Peitschenhieben verurteilt", dpa-Meldung vom 25. Oktober 2009.
[193] Wieczorek, Thomas: „Die verblödete Republik, Wie uns Medien, Wirtschaft und Politik für dumm verkaufen", München 2009 und Jürgs, Michael: „Warum wir hemmungslos verblöden, Seichtgebiete", München 2009.

Man wird vergeblich nach Vorbildern suchen, an denen man sich orientieren könnte. Ist etwa Dieter Bohlen ein Vorbild? Oliver Pocher? Boris Becker? Oliver Kahn? Wir haben es hier insgesamt mit schrägen Figuren zu tun, die nichts, aber auch gar nicht an sich haben, das als Vorbildfunktion gelten könnte. Sie mögen alle im Beruf erfolgreich sein, doch ihr gezielt inszeniertes „öffentliche Leben" ist höchst schmierig, abstoßend, widerlich.

Beim letztgenannten, Ex-Nationaltorwart Oliver Kahn, kommt hinzu, dass er ein brutaler Rüpel ist. Auf dem Fußballplatz hat er Mitspieler tätlich angegriffen und damit jungen Leuten ein Negativbeispiel für soziales Verhalten gegeben. Für den österreichischen Dichter Franz Zobel verkörpert Olli Kahn alles, was man an den Deutschen nicht mag: „Immer wenn mein Deutschland-Hass schwächelt, genügt ein Blick auf Olli Kahn, und er ist wieder da!"[194]

Dazu passen auch die Witze und Anekdoten, mit denen Deutsche immer wieder angefeindet werden. Hier nur zwei: „Was ist der Unterschied zwischen einem deutschen Touristen und einem deutschen Terroristen? – Der Terrorist hat Freunde im Ausland" oder „Nicht einmal eine eigene Nationalhymne konnten die Deutschen kreieren. Die stammt vom Österreicher Josef Haydn – komponiert nach einer kroatischen Volksweise."[195]

---

[194] zit. nach stern 25/2008
[195] jeweils zit. nach ebd.

Die Emanzipation:
Im Zweifel immer gegen den Mann

In den sechziger Jahren wurde in Deutschland der Kampf um die volle Gleichberechtigung der Frau aufgenommen. Frauen wurden über alle Maßen gefördert, unterstützt, aufgebaut und gestärkt. „Dieser Prozess ist abgeschlossen. Gleichberechtigung ist zumindest in Europa keine Frage und keine Aufgabe mehr. Sie ist erreicht."[196] Über Jahrzehnte hinweg haben sich die Männer dazu völlig passiv verhalten. Ihnen wurde schlicht der Mund verboten. Wer heute gegen Alice Schwarzer argumentiert, wird als Chauvinist niedergemacht. Männer gehören inzwischen zu den Verlierern und sind zu Opfern geworden.

Die Männer leben im Durchschnitt sechs bis sieben Jahre weniger als die Frauen, sie stellen die große Mehrheit der Obdachlosen, 60 Prozent der Jugendlichen ohne Schulabschluss sind männlich. 55 Prozent der deutschen Arbeitslosen sind männlich. Männer müssen zur Bundeswehr. Das erzeugt Hilflosigkeit, Ohnmacht und Angst. Jährlich wird rund eine Milliarde Euro an Steuergeldern ausgegeben, um die längst über alle Maßen hinaus existierende Gleichstellung der Frauen, die Programme des „Gender-Mainstreaming" zu finanzieren. Keiner nimmt sich der benachteiligten Männer an. Es fehlt also eine „Männerbewegung", ja sie ist eine „überfällige, weltanschauliche Korrektur".[197]

---

[196] Gruner, Paul-Hermann: „Das schwächelnde Geschlecht", in: Cicero 7/2009, S 111
[197] ebd.

Frauen streuen permanent die Legende, dass sie weniger verdienen als Männer. Gleicher Lohn für gleiche Arbeit wird eingefordert. Sie verschweigen aber, dass das unbestechliche Statistische Bundesamt gegenteiliges belegt. Männliche Angestellte verbringen nämlich wöchentlich etwa 39 Stunden im Büro, Frauen nur 30. Bei den Arbeitern ist das Verhältnis 38 Stunden wöchentlicher Arbeitszeit (Männer) zu 26 (Frauen) und bei den Selbständigen kommen die Männer auf 49 Wochenarbeitsstunden, die weiblichen Kollegen auf knapp 36. Frauen, die in Teilzeit arbeiten, verdienen oft mehr als ihre männlichen Kollegen.

Auch im öffentlichen Dienst sind die Frauen auf dem Vormarsch. In Sachsens Behörden liegt die Frauenquote bei 60 Prozent. Und in der privaten Wirtschaft lassen die Frauen ihre männlichen Kollegen oft hinter sich. „Junge Chefinnen verdienen mehr als junge Chefs. Hoch qualifizierte Männer unter 30 Jahren verdienen noch sieben Prozent weniger als ihre weiblichen Kollegen."[198]

Dabei ist die Diskussion hierüber fast überflüssig, denn eine Studie des Allensbach-Institutes ergibt, dass nur 16 Prozent der deutschen Frauen überhaupt eine volle Berufstätigkeit anstreben. Sogar Akademikerinnen arbeiten oft nur Teilzeit.

---

[198] „Junge Chefinnen verdienen mehr als junge Chefs", in: www.zapp-consulting.de vom 20.10.2009

Was der „Focus" in seiner Titelstory „Im Zweifel gegen den Mann"[199] beschreibt, ist nur ein Teilaspekt der völlig verunglückten Emanzipation. Nach vier Jahrzehnten Emanzipation sind die Männer der westlichen Welt auf der Strecke geblieben, sie werden nach weiteren vier Jahrzehnten vermutlich nur noch zum Kinderzeugen benötigt. Während „die Frau sich ständig weiter entwickelt hat, ist der Mann auf seiner Entwicklungsstufe stehen geblieben und wurde von der Evolution und dem weiblichen Geschlecht überholt."[200] Der Focus fragt: „Der Mann – ein Auslaufmodell?"[201]

Dass Frauen auch in der Bildung den Männern gegenüber im Vorteil sind, ist heute unstrittig. Dies beginnt schon in der Grundschule. Nach Wassilos Fthenakis, einem anerkannten, renommierten Entwicklungspsychologen, bekommen Jungen in der Schule für die gleichen Leistungen wie sie die Mädchen erbringen inzwischen schlechtere Noten. In deutschen Sonderschulen stellen Jungen 60 Prozent, auf den Gymnasien aber nur 43 Prozent.[202] Der Anteil der Lehrerinnen liegt in der Grundschule bei fast 90 Prozent, im Kindergarten sind sage und schreibe 98 Prozent des Erziehungspersonals Frauen.[203] Der Trend, dass Bildung immer mehr zur weiblichen Domäne wird, betrifft auch die Universitäten. Der Anteil weiblicher Studenten ist zwischenzeitig größer als der männliche Anteil. Im Jahr 2009 betrug der Anteil der Frauen an den

---

[199] „Im Zweifel gegen den Mann", in: Focus 38/2009
[200] die stellvertretende FDP-Vorsitzende im Interview mit der „Bunten", zit. nach: Focus 38/2009, S. 92
[201] „Im Zweifel gegen den Mann", a.a.O., S. 92
[202] vgl. ebd.
[203] vgl. Hollstein, Miriam: „Rettet unsere Söhne", in: Welt am Sonntag vom 8. März 2009

Unis beispielsweise im Fachbereich Veterinärmedizin 85 Prozent, bei Sprach- und Kulturwissenschaften 70 Prozent, bei Kunst bzw. Kunstwissenschaften 64 Prozent, bei Humanmedizin 61 Prozent, bei Agrar-, Forst- und Ernährungswissenschaften 56 Prozent. Sogar bei den Fachbereichen Recht und Wirtschaft wird bereits 49 Prozent Frauenanteil erreicht.[204] „Weiblichkeit wird prämiiert, Männlichkeit diskriminiert"[205] Das ist der Zeitgeist.

Einige Zitate von Frauen sind in diesem Zusammenhang sehr beachtenswert. Die Therapeutin und „Ex-Feministin" Astrid von Friesen konstatiert: „Folge des Feminismus ist eine mal mehr, mal weniger subtile Männerverachtung, eine weibliche Meinungshoheit in Sachen Menschenrechte". Die Literaturnobelpreisträgerin Doris Lessing, die die Emanzipationsbewegung von Anfang an begleitet hatte, wettert heute gegen die Frauen: „Ich bin zunehmend schockiert über die gedankenlose Abwertung von Männern, die so sehr Teil unserer Kultur geworden ist, dass sie kaum noch wahrgenommen wird" und sie legt nach: „Die dümmsten, ungebildetsten und scheußlichsten Frauen können die herzlichsten, freundlichsten und intelligentesten Männer kritisieren" und die Neurowissenschaftlerin Sandra Witelson bestätigt, sie sei „in 40 Jahren wissenschaftlicher Arbeit nicht ein einziges Mal diskriminiert worden".[206]

---

[204] Quelle: Stat. Bundesamt 2009.
[205] Der Berliner Philosoph Norbert Bolz, zit. nach „Im Zweifel gegen den Mann", a.a.O., S. 93.
[206] jeweils zit. nach „Im Zweifel gegen den Mann", a.a.O., S. 99.

Auch die Darstellung von Frauen als alleinige Opfer häuslicher Gewalt muss korrigiert werden. Männer sind dabei immer die Schläger, Frauen immer die Opfer. Doch auch Frauen werden gewalttätig. Neue Studien beweisen, dass Familienangehörige deutlich öfter unter weiblichen Aggressionen leiden als dies bisher öffentlich dargestellt wird.

Der Feminismus in der Gestalt und Ausprägung von Alice Schwarzer hat das Grundvertrauen und die Wärme zwischen Frauen und Männern vergiftet. Der „Krieg der Geschlechter" führte in eine zerstrittene, egoistische Gesellschaft inklusive einer abartigen, zur TV-Schmuddelshow verkommenen, öffentlichen Sexualität. Und dafür gibt es das Bundesverdienstkreuz. Auf einem Flug aus Fernost nach Frankfurt saß Alice Schwarzer in der Economy-Class der Lufthansa neben mir. Ich hätte sie gerne angesprochen, doch sie war zu sehr mit ihrer Begleiterin beschäftigt.

Der aufstrebende Feminismus in muslimischen, hinduistischen oder anderweitig religiösen Gesellschaften ist in mancher Hinsicht viel tiefgründiger und humaner. In Indien haben Feministinnen eine Vorstellung von weiblicher Gleichberechtigung, die nicht ich-bezogen im Stil Alice Schwarzers ist, sondern familienbezogen und am Dienst an der Gemeinschaft verpflichtet. Die Frauen sehen dort ihren Kampf nicht als einen ideologischen Konflikt zwischen Mann und Frau an, sondern als einen praktischen Ansatz für ein Leben ohne Gewalt und sexuelle Nötigung, natürlich ohne erzwungene Eheschließung, ohne Verbrennung von Bräuten und ohne die

Verweigerung von Gleichberechtigung. Dies beschreibt die politische Aktivistin, Sozialkritikerin und Autorin Naomi Wolf in einem Beitrag der „Welt am Sonntag" sehr eindrucksvoll.[207]

Dieses Kapitel soll nicht abgeschlossen werden, ohne über die Ergebnisse einer Umfrage von „Welt online" zu berichten. „Welt online" hat ihre Leser gefragt: „Sind Männer und Frauen heute faktisch gleichberechtigt?" Die repräsentative Umfrage ergab: 67 Prozent waren der Meinung, dass die Männer benachteiligt würden. 24 Prozent meinten, die Frauen werden in vielen Bereichen benachteiligt. Nur neun Prozent sahen Männer und Frauen gleichberechtigt.[208]

„Unsere (westliche) Hegemonie in Sachen Feminismus ist vorbei – das aus guten Gründen."[209] Alice Schwarzer, die am Tag nach der Bundestagswahl 2009 im ZDF Loblieder auf die unfeminine Kanzlerfrau Angela Merkel gesungen hatte[210], sollte sich endlich zur Ruhe setzen.

Die Banker – Organisierte Kriminalität

Viele Banker sind Parasiten, Lumpen, Betrüger, Geldveruntreuer. Absolventen der Eliteuniversitäten Harvard, Princeton, Yale oder Stanford, Kaderschmieden des Kapitalismus, haben sich zu

---

[207] vgl. Wolf, Naomi: „Achtung, Alice Schwarzer!", in: Welt am Sonntag vom 10. 05.2009
[208] Umfrage: „Sind Männer und Frauen heute faktisch gleichberechtigt", in: www.welt.de vom 6. April 2009
[209] Wolf, Naomi, a.a.O.
[210] ZDF spezial: „Deutschland hat gewählt", 28. September 2009.

gemeinen Gaunern entwickelt. Sie haben Begriffe wie „Zertifikate", „Derivate", „Aktienanleihe", „Zinsstufen-Anleihe", „Geldmarkt-fonds" und „Hedgefonds" entwickelt und diese „Finanzprodukte" immer als seriöse „Kapitalanlagen" dargestellt. Die Produktflyer dazu waren – und sind heute wieder – eine einzige Augenwischerei. Diese Anlagemodelle basieren auf Wahnsinn und immer ist auch viel kriminelle Energie im Spiel. Dahinter stecken Schneeballsysteme, dubiose Fondsanteile und Bauherrenmodelle, in jedem Fall aber Hochrisikoanlagen, oft nichts anderes als Luftgeschäfte. Der Berliner Rechtsanwalt Dr. Thomas Schulte warnte schon 2006 in verschiedenen Internetauftritten und TV-Sendungen: „Im Dunkeln bleibt immer, wie denn die Geldvermehrung im Einzelnen funktionieren soll."[211]

Nach der Lehmann-Pleite sammelten sich die Demonstranten an der Wall Street in New York. In die Richtung der oberen Stockwerke der Bankhäuser, wo sich die Gauner verschanzt hatten, hielten die Demonstranten große Plakate mit der Aufforderung: „Jump you Fuckers!"

Inzwischen hat das Finanzkasino seinen Betrieb wieder aufgenommen. „Die Gier ist zurück an den Finanzmärkten. Und mit ihr der Exzess."[212] Die Banker zocken die Anleger wieder ab wie zuvor – und die Politik schaut regungslos zu. Es gibt keine Anstrengungen, die Zocker an die Kette zu legen.

---

[211] Schulte, Thomas: „Kapitalanlagenbetrug 2006", www.anwaltzentrale.de
[212] „Die Rückkehr der Gier", in: stern 40/2009, S. 35

Der britische Finanzinvestor Jon Moulton, der mit den Exzessen seiner Ex-Kollegen gnadenlos abgerechnet hat, warnte bereits 2005 in einer Rede vor der britischen Bankiers-Gilde vor dem Zusammenbruch der Finanzmärkte. 2006 warnte er die britische Finanzaufsicht noch einmal sehr konkret, aber ohne Erfolg. Seine Firma verließ er im Eklat und er entschuldigte sich in einer email an seine Geldgeber für die vielen Fehler, die er bei Investments begangen habe. Seinen Nachfolger könne er nicht empfehlen.[213]

An den kriminellen Exzessen bei den Megadeals mit Fonds wollten die Geldgeber, die Investoren immer gerne mitmachen. Je höher das kriminelle Niveau, desto besser. Niemand interessierte sich für die Risiken. Jon Moulton dazu: „Ja, merkwürdigerweise haben sie das nicht hinterfragt. Natürlich ist es nicht 100-mal so aufwendig und teuer, ein 10-Milliarden-Fonds zu managen wie einen 100-Millionen-Fonds Man braucht ja nicht 100-mal so viele Mitarbeiter. Aber der Markt gab das 100-fache an Gebühren her."[214]

Heute verschanzen sich viele der üblen Zocker hinter der Ausrede, die Rating-Agenturen hätten ihre Finanzprodukte erstklassig benotet. Doch gleichzeitig wird verschwiegen, dass diese Agenturen sich ihre Ratings exakt von denjenigen Bankern bezahlen lassen, deren Papiere sie bewerten. Und die Höhe der Bezahlung bestimmt die Bewertung der Rating-Agenturen. Klar also, dass es da stets lauter Einser gegeben hat. So etwas nenne ich organisierte Kriminalität.

---

[213] „Mit dem Brotmesser anrücken", in: Focus 41/2009. S. 121 ff.
[214] ebd., S. 122

Die Banker machen inzwischen wieder nahezu das gleiche wie zuvor. Die großen Pensionsfonds sind auch nicht vorsichtiger geworden. „Wahrscheinlich stecken sie etwas mehr Geld in Staatsanleihen. Aber dort entsteht vermutlich gerade die nächste Blase. Staatsanleihen sind der einzige Kreditmarkt weltweit, der derzeit rasant wächst. Möglich, dass dies das Thema sein wird, von dem wir alle in drei Jahren in dicken Schlagzeilen lesen werden."[215] Die Börse ist eine Spirale aus Gier, Panik, Paranoia und Ratlosigkeit.

Das Schreckensszenario der Zukunft ist die globale Zinsentwicklung. Ein Desaster würde entstehen, wenn die ökonomisch wichtigen Länder kaum noch oder keine Käufer mehr für ihre Staatsanleihen finden. Die Länder werden dann weltweit um die Anleger konkurrieren und müssten Zinsen von 10 bis 20 Prozent anbieten, wie dies schon in den 70er Jahren praktiziert wurde. Die Geldmenge, die dann aus der Wirtschaft abfließt, übersteigt diejenige, die in sie hineingepumpt wird, bei weitem.[216] So wird die Weltwirtschaft stranguliert.

Die Experten der Stiftung Warentest kennzeichnen Banker heute im Zusammenhang mit Dispozinsen als „Räuberbanden"[217] und reklamieren dabei ganz besonders, dass viele Geldhäuser nie zuvor so massiv überhöhte Dispozinsen kassieren – und dies in der Finanzkrise 2009, in der sich die Banken bei nur noch einem Prozent Leitzins billig mit Geld versorgen können. Das Stiftungsblatt

---

[215] ebd.
[216] vgl. ebd.
[217] Wüpper, Thomas: „Räuberische Banken", in: Frankfurter Rundschau vom 19.08.2009, S. 15

Finanztest stellt dazu fest, dass die schlimmsten Abzocker unter den Banken gleichzeitig hohe zweistellige Überziehungszinsen berechnen.[218]

Es werden Scheintransaktionen vorgenommen, die fiktives Kapital kreieren, d.h. in den Bücher steht dann schlicht mehr Kapital, als man wirklich hat und zur Absicherung des Betruges wird auf Rückversicherungsverträge hingewiesen, die es nicht gibt. So geschehen bei der AIG, dem größten Versicherungskonzern der Welt. Klar, dass diese Luftnummer einmal platzen musste. Die AIG erhielt 182 Milliarden US-Dollar Staatshilfe, obwohl sie nur noch 6 Milliarden wert ist, also das 30fache ihres Wertes..

„Nun ist die Titanic mit dem Eisberg kollidiert. Nun rotiert in den USA die Notenpresse, um das gewaltige Leck mit frischen Dollars zu stopfen. Nun müssen die Steuerzahler, auch in Deutschland, herhalten, um die Verluste zu sozialisieren. Nun wird verstaatlicht und in den Markt eingegriffen, als wäre der Siegeszug des Kapitalismus in einen des Kommunismus übergegangen."[219]

Laut einer aktuellen Berechnung hat der Kollaps der Finanzwirtschaft weltweit einen Schaden von 10,5 Billionen Dollar verursacht – davon ein beträchtlicher Teil in Deutschland.[220] Dabei kam die Bankenkrise nicht irgendwie über die USA über uns, wie man uns gerne vorgaukelt. EU-Kommissar Günter Verheugen stellt

---

[218] ebd.
[219] stern 40/2008.
[220] vgl. Greive, Martin: „Finanzkrise vernichtete bislang 10,5 Billionen Dollar", in: www.welt.de vom 29. August 2009

fest: „Deutschland war Weltmeister in riskanten Bankgeschäften. Nirgendwo, auch nicht in Amerika, haben sich die Banken mit größerer Bereitschaft in unkalkulierbare Risiken gestürzt, allen voran die Landesbanken."[221]

Ein Jahr nach dem Fastuntergang haben die Banker gewonnen. Sie zocken wieder und kassieren wieder ihre Boni. „Das dürfen wir nicht zulassen ... Lasst die Banker nicht entkommen!"[222]

Die gemeingefährlichen Banker arbeiten Hand in Hand mit einer nicht minder niederträchtigen Organisation namens SCHUFA. Diese „Wirtschaftsauskunftei" drangsaliert die Bürger mit gespeicherten Daten zu Konten, Krediten, Ratenkäufen und Einträgen in Schuldnerverzeichnissen. Gleiches gilt für Creditreform, Bürgel, Arvate, Schimmelpfeng und rund 100 andere „Auskunfteien". Fast 50 Prozent der SCHUFA-Einträge sind falsch.[223] Die Folge: Die Bürger erhalten aufgrund einer negativen Auskunft oft kein Konto und somit keinen Kredit, keinen Handyvertrag, keine Kreditkarte, keinen Mietvertrag und in vielen Fällen keinen Arbeitsvertrag. Eine ausgeglichene Schuld wird nicht – wie es eigentlich selbstverständlich sein sollte – aus dem Verzeichnis gelöscht, sondern bleibt jahrelang weiter wie ein Kainsmal gespeichert. Für die Betroffenen ein Fluch. Die Politik setzt ihre Bürger insofern einer irrsinnigen Hexenjagd aus, die für die Wirtschaft eher schädlich als nützlich ist.

---

[221] zit. nach Jörges, Hans-Ulrich: „Die große Verschleierung", in: stern 25/2009, S. 62

[222] Buttlar, Horst von: „Lasst die Banker nicht entkommen!", in: www.ftd.de vom 29.11.2009.

[223] Ergebnis einer Studie im Auftrag des Verbraucherschutzministeriums, vorgestellt am 19. August 2009, vgl. www.wirtschaft.t-online.de 19.09.2009

Ein ehemaliger deutscher Finanzminister hat schon 1998 zu Papier gebracht: „Die unverantwortliche Spekulation und die fahrlässige Kreditvergabe der Banken wurden mit Steuergeldern risikofrei gestellt ... Nicht Deregulierung ist das Gebot der Stunde, sondern Regulierung."[224] Es handelt sich dabei um Oskar Lafontaine, der mit seiner Einschätzung völlig richtig lag – und liegt. Das schreckliche englische Boulevardblatt „Sun" beschimpfte ihn darauf heftig und stellt auf ihrer Titelseite neben einem großen Lafontaine-Foto in deutscher Sprache die Frage: "Ist dies der gefährlichste Mann Europas?". Das Massenblatt lamentierte: "Oskar Lafontaine stellt die größte Bedrohung für die britische Lebensart seit 1945 dar."[225]

Die Banken und die Banker – eine Kriminalgeschichte. Die Notenbanken haben den Kreditinstituten gigantische Summen zugeteilt, um sie aus der Krise zu retten. Doch diese geben die Milliarden nicht weiter.

Die Wirtschaft steckt in einer Kreditklemme, während die Banken mit dem Geld glänzende Geschäfte machen[226] und bereits wieder hemmungslos zocken. Die meisten Banker machen auch 2010 genau so weiter wie zuvor, wenn auch teilweise mit anderem Personal. Es ist eine Situation wie im Schweinestall: Die Schweine wechseln, die Tröge bleiben die gleichen.

---

[224] zit. aus stern 40/2008
[225] „Ist dies der gefährlichste Mann Europas?", in: „Sun" vom 25.11.1998
[226] vgl. „Viel Geld, wenig Kapital", in: DER SPIEGEL 27/2009, S. 56

Die Justiz: Willkür auf breiter Front

Die Frage, ob Deutschland ein demokratischer Rechtsstaat ist, kann man mit „nein" beantworten. Skandalöse Urteile sowie irrsinnige, fanatische Verfolgungsmaßnahmen oder fahrlässiges Nichthandeln durch Staatsanwälte und Richter sind an der Tagesordnung. In einem hochinteressanten Buch werden zahlreiche schreckliche Fälle zusammengetragen.[227] Sie passen in eine Bananenrepublik. „Zwar wurde nicht immer das Recht gebeugt, aber es ist inzwischen so biegsam wie ein Weidenstrauch geworden. Und Artikel 1 der Verfassung, die Würde des Menschen sei unantastbar, verkümmert zur Sprechblase."[228] Die phlegmatischen Deutschen interessiert das erst dann, wenn sie selbst betroffen sind.

Deutsche Strafrichter verurteilen oft und gern. Fehlurteile sind an der Tagesordnung. Es gilt die Richtlinie: „Schuldig bei Verdacht!"

So saß Donald Stellwag acht Jahre lang in Straubing unschuldig im Gefängnis. Er sah einem Bankräuber ähnlich, der bei einem Überfall in Nürnberg von einer Überwachungskamera aufgenommen wurde. Aufgrund eines dubiosen Gutachtens wurde Stellwag verurteilt, später stellte sich seine Unschuld heraus. Er bekommt lächerliche 150.000 Euro Schmerzensgeld für acht Jahre Qualen. Schwere seelische und körperliche Qualen bleiben zurück.

Bernhard M. geriet ebenfalls in die Mühlen der Justiz und saß viereinhalb Jahre unschuldig im Gefängnis. Er soll seine Nichte

---

[227] Roth, Jürgen – Nübel, Rainer – Fromm Rainer: „Anklage unerwünscht, Korruption und Willkür in der deutschen Justiz", Frankfurt / München 2008
[228] ebd., S. 7.

mehrfach brutal vergewaltigt haben und wurde verurteilt. Das Urteil erging aufgrund der zweifelhaften Aussagen des betroffenen Mädchens und ohne überzeugende Beweise. Einer Reporterin der ZEIT kam das Urteil höchst dubios vor. Sie übernahm die schlampige Arbeit der Kripo sowie der Staatsanwaltschaft und begann eigene Recherchen. Sie fand heraus: Auf das Sichern von wichtigen Sachbeweisen, wie etwa Spermaspuren, verzichteten die Ermittler völlig. Ein Therapeut, dem das angebliche Opfer gebeichtet hatte, die Beschuldigungen gegen den Onkel seien gar nicht wahr, hielt diese Aussage zurück. Im Ergebnis wurde ein Wiederaufnahmeverfahren erreicht, in dem sich die Unschuld des Verurteilten herausstellte.

Richter und Staatsanwälte sind von solchen Vorgängen völlig unberührt. Niemand zieht sie zur Verantwortung. Einige Strafrechtler glauben, dass jedes zehnte Urteil ein Fehlurteil ist. Aber es kommt auf die Zahl nicht an – eines ist schon zu viel.

Deutsche Richter verirren sich auch bei anderen Sachverhalten, etwa im Familienrecht. So hat sich eine Frankfurter Familienrichterin bei der Entscheidung in einem Scheidungsverfahren auf den Koran berufen. Die Ehefrau eines Marokkaners beantragte die vorzeitige Scheidung, weil sie von ihrem Ehemann regelmäßig geschlagen wurde. Die Richterin lehnte den Antrag unter dem Hinweis ab, dass das Paar „aus dem marokkanischen Kulturkreis" stamme, „für den es nicht unüblich sei, dass der Mann gegenüber der Frau ein Züchtigungsrecht ausübe". Es sei insofern „keine unzumutbare Härte", das Trennungsjahr abzuwarten. Politiker aller Parteien kritisierten scharf. Die Präsidentin des Juristinnenbundes, Jutta Wagner, erklärte: „Das ist ein entsetzlicher Vorfall." Selbst der bayerische Innenminister findet: „Die Einlassungen der Richterin sind so unerträglich, dass diese auch nicht mehr ansatzweise als eine nach Recht und Gesetz mögliche Entscheidung angesehen werden kann." Die Richterin hatte sich auf das Verfahren offensichtlich schlecht vorbereitet, denn sonst hätte sie nachlesen können, dass Gewalt und Misshandlung von Menschen auch im Islam Gründe sind, die eine Scheidung rechtfertigen würden.[229]

Überall überziehen Richter. Sie machen harmlose Menschen willkürlich zu Kriminellen. Ein Berliner Gericht verurteilte Amanj H. zu einer Haftstrafe, weil er seinen Verwandten und Freunde im Irak Geld zukommen lies, mal 50, mal 70, mal 200 Dollar. Die Geldempfänger haben damit Arztrechnungen und Lebensmittel bezahlt. Sie waren auf die Unterstützung dringend angewiesen. Die Mutter wurde von einem Auto überfahren, der Bruder von einem Bombensplitter getroffen. Doch es gab ein Embargo des UN-Sicherheitsrates gegen den Irak, das nach Ansicht des Landgerichts Berlin auch für den Bügler Amanj H. galt. Der Staatsanwalt verlas zu Beginn der Verhandlung eine seitenlange Anklageschrift, gespickt mit Nummern von UN-Resolutionen. Das Landgericht warf Amanj H. vor: „Sie haben Geldgeschäfte abgewickelt. Das war verbotener Warenverkehr" und verurteilte ihn zu einer Gefängnisstrafe von eineinhalb Jahren. Bemerkung am Rande: Das Urteil erging im März 2007. Die Strafen für Verstöße gegen die UN-

---

[229] vgl. „Das ist ein entsetzlicher Vorfall", in: t-online vom 22. 03 2007

Resulotion sind seit 2003 auf sechs Monate herabgesetzt. Das UN-Embargo selbst ist inzwischen Geschichte.[230]

Ein anderes Berliner Landgericht segnet Verleumdung und Beleidigung ab. Der Historiker Volker Kühn hatte behauptet, der heute 105jährige Sänger Johannes Heesters habe im Mai 1941 das Konzentrationslager Dachau besucht und dort vor SS-Fachleuten gesungen. Heesters, der dies vehement bestreitet, klagte auf Unterlassung und Widerruf. Obwohl die Richter einräumten, dass nicht mehr zu klären sei, ob Heesters tatsächlich vor der SS-Mannschaft gesungen habe, wiesen sie die Klage ab. Die von Kühn vorgebrachte Faktenlage reiche aus, um den Verdacht zu äußern.[231] Und damit sind wir bei dem Unwort „Verdachtsberichterstattung" Voraussetzung für eine zulässige Verdachtsberichterstattung ist schlicht das Vorliegen eines Mindesttatbestands an Beweistatsachen, die für den Wahrheitsgehalt der Information sprechen und ihr damit erst "Öffentlichkeitswert" geben. Eine schreckliche Justizpraxis. Denn jedermann kann mit etwas Geschick solche "Mindesttatbestände" konstruieren, um eine verleumderische Veröffentlichung zu legalisieren. Die Justiz segnet dies dann regelmäßig als "zulässige Verdachtsberichterstattung" ab. Mit der Pressefreiheit, die als Grundpfeiler der Demokratie verteidigt werden muss, hat dies allerdings nichts zu tun.

---

[230] vgl. Mayer, Verena: „Bestrafte Hilfe", in: Der Tagesspiegel vom 17.03.2007, S. 3
[231] vgl. „Heesters unterliegt im Streit um angeblichen KZ-Auftritt", in: Der Tagesspiegel, 16.12.2008

In die gleiche Kategorie gehört es, Menschen in „Präventivgewahrsam" zu nehmen. Das wird in Deutschland tatsächlich praktiziert. Wie läuft so etwas ab? Die Polizei verhaftet bei bestimmten Anlässen Verdächtige vorsorglich und aufgrund von Vermutungen, ohne dass ihnen eine Straftat zur Last gelegt werden könnte. Das Bundesverfassungsgericht hat solches Vorgehen bereits mehrfach gerügt.[232]

Die große Koalition hat zwischen 2005 und 2009 mehr als 600 Gesetze verabschiedet. Mit immer neuen Gesetzen werden automatisch unsere Freiheiten beschränkt – bis aus Deutschland ein totalitärer Staat geworden ist. Eine Bananenrepublik sind wir ohnehin schon.

Zur Bananenrepublik gehört, dass die Juristen manche Gesetze selbst nicht mehr verstehen. So beim Rentenrecht. Der Sozialverband VdK stellt fest, dass aufgrund der zahlreichen „Reformen" und Veränderungen selbst Mitarbeiter der Rentenversicherung die Rentengesetze nicht mehr verstehen und deshalb in den vergangenen Jahren Tausende Renten falsch berechnet hat, natürlich zu Ungunsten der Rentner.[233] Selbst der oberste Finanzrichter Deutschlands, Wolfgang Spindler, hält das Steuerrecht inzwischen für derart kompliziert, dass selbst Experten keinen vollständigen Überblick mehr haben: „Der steuerpflichtige Bürger wird mit einem Recht konfrontiert, das ihn in Teilberechen

---

[232] z.B. mit Beschluss des Zweiten Senates vom 30. Oktober 1990, Aktenzeichen 2 BvR 562/88
[233] vgl. Schäfer, Jan W.: „Rentengesetze zu kompliziert für Rentenanstalt", in: Bild, 10.09.2009

völlig überfordert."[234] Dies ist ein weiteres Beispiel für die miese Qualität unserer Politiker.

In einem Rechtsstaat gilt ganz selbstverständlich die Unschuldsvermutung bis zu dem Zeitpunkt, an dem ein rechtskräftiges Urteil ergangen ist. Wird die Unschuldvermutung ausgehebelt, befinden wir uns in einer Bananenrepublik. So in Deutschland. Der Bananenparagraph § 626 Abs. 1 BGB erlaubt es jedem Arbeitgeber, einem Mitarbeiter die „Verdachtskündigung" auszusprechen. Dazu genügt es, wenn der Arbeitgeber seinen Arbeitnehmer „verdächtigt", eine (nicht erwiesene!) strafbare bzw. vertragwidrige Handlung begangen zu haben. Es genügt, wenn der Arbeitgeber behauptet, das „Vertrauensverhältnis" sei zerstört. Wie gesagt, ein tatsächlich strafbares Verhalten, geschweige denn eine strafrechtliche Verurteilung, müssen nicht vorliegen. Wie einfach für den Arbeitgeber, einen Verdacht zu konstruieren und sich dazu willfährige Zeugen zu sichern. Bananenrepublik Deutschland.

Zu einer Bananenrepublik gehört, dass die Beweislast nach Belieben umgekehrt wird. So in Deutschland. Nachfolgend nur zwei Beispiele. Steuersparer werden unter Generalverdacht gestellt. Das Finanzamt unterstellt allen Bürgern Trickserei – es sei denn, sie beweisen das Gegenteil. Die Beweislast soll sich umkehren. Besonders perfide: Nicht mehr das Finanzamt soll künftig einen Missbrauch beweisen, sondern der Steuerpflichtige grundsätzlich seine Unschuld. Jede rechtliche Konstruktion, die zu einem Steuervorteil führt und die ein Finanzbeamter als „ungewöhnlich"

---

[234] „Oberster Finanzrichter kritisiert Finanzminister", in: wirtschaft.t-online.de vom 05.12.2008

einstuft, wird als Steuerumgehung gewertet und vom Fiskus pauschal abgelehnt. Nur wenn er „beachtliche außersteuerliche Gründe" belegen kann, erkennt die Behörde die Steuervorteile an.

Ähnlich geht man mit Arbeitslosen um. Die Zumutbarkeits-verordnungen wurden verschärft. Die Bundesagentur für Arbeit (BA) praktiziert die Umkehr der Beweislast beim Bezug von Arbeitslosengeld II (ALG II). Wer Leistungen nach dem Hartz-IV-Gesetz bezieht, wird drangsaliert und schikaniert, es werden immer mehr Nachweise gefordert, deren Sinn kaum noch nachvollziehbar ist.

In vielen Fällen erweist sich die Justiz als Schlafwagengesellschaft. Ein einfacher Prozess kann schon mal 18 Jahre dauern. Landwirt Ernst Schmidt hatte 1992 in einem Grundstücksstreit Klage gegen die Gemeinde Marktbreit (Bayern) eingereicht. Bis heute ist kein Urteil gefällt.

Die Justiz in Deutschland ist andererseits völlig unfähig, den Problemen der Zeit zu begegnen. Dies zeigt sich beispielsweise im Internet, dem Paralleluniversum im rechtsfreien Raum. Die Spielweise der Rufmörder, Kinderschänder und anderen Kriminellen entzieht sich weitgehend der Kontrolle durch die Justiz.

Die neue schwarz-gelbe Regierung schrieb in den Koalitionsvertrag: "Das Internet ist das freiheitlichste und effizienteste Informations- und Kommunikationsforum der Welt und trägt maßgeblich zur Entwicklung einer globalen Gemeinschaft bei." Na toll, schwarz-gelb will das "Internet der Zukunft" auf der Basis "unseres Rechts- und Wertesystems" weiter ausgestalten. Doch das ist Larifari, denn Menschen, die im Internet beleidigt, belästigt und verleumdet werden, können dagegen juristisch kaum etwas tun. Die Justiz lässt sie hilflos alleine. Um wo es ein theoretisches Recht im Netz gibt, ist es nichts wert. So können beispielsweise Schüler ihren Lehrer im Internet hinrichten. „Blut spritzt aus dem Kopf eines Lehrers, ein Schüler hat ihn mit mehreren Schüssen niedergestreckt. Über dem Bild die Nachricht: Zum Tode verurteilt! Das Opfer, ein bayerischer Lateinlehrer. Die Schüler waren begeistert, der virtuelle Mörder wurde nie gefunden."[235]

Zwar gilt die Faustregel, dass alles, was offline verboten ist auch online verboten ist, doch es gibt keinen Vollzug. Denn was ist, wenn der Domaininhaber in Afghanistan sitzt und der Server in Aserbaidschan steht? Dann nützen alle Persönlichkeitsrechte nichts, denn die Ansprüche sind dann juristisch nicht durchzusetzen. Technisch wäre es durchaus möglich, solche Seiten im Internet abzuschalten. Aber der feige deutsche Gesetzgeber wagt sich an solche Möglichkeiten nicht heran. Es bemüht sich auch niemand darum, eine transnationale Instanz zu schaffen, die im Internet Ordnung schafft.

Ein weiteres Beispiel dafür, welchen Wahnsinn die Justiz absegnet ist der Flugverkehr. Millionen von teuren Parfumfläschchen oder Hautcremes, Deosprays oder Zahnpastatuben werden täglich aus

---

[235] „freiheit@unendlich.welt", in: DER SPIEGEL 33/209, S. 76.

dem Handgepäck gefischt und entsorgt, nur weil Behörden glauben, man könne daraus einen Flüssigsprengstoff herstellen. Dies ist nach Sprengstoffexperten aber gar nicht möglich, denn dies erfordere so hohe Temperaturen, wie sie im Fugzeug – etwa auf der Toilette – auf keine Weise zu erzeugen seien. Man nimmt den Reisenden auch jede Nagelfeile im Handgepäck ab und ich frage mich, welches Massaker man im Flugzeug mit einer Nagelfeile anrichten kann.[236]

Egal, ob man das Justizwesen in Demokratien oder Diktaturen untersucht, weltweit gilt das Prinzip, dass erlaubt ist, was nicht ausdrücklich verboten ist. Nur Deutschland tanzt da aus der Reihe. In der Bananenrepublik Deutschland gilt als verboten, was nicht ausdrücklich erlaubt ist. Wie in diesem Kapitel schon dargestellt, leiden die Politiker in diesem Lande an einer Regelungswut, sie produzieren täglich neue, unsinnige Gesetze. Betreten des Rasens verboten! Ballspielen verboten! Zutritt verboten! Es gibt ein paar Vorschläge, was die Justiz noch alles verbieten könnte: Ein Gesetz gegen den Selbstmord mit Messer und Gabel. Ein Gesetz gegen Butter, weil sie den Cholesterinspiegel hebt. Ein Gesetz gegen das Autofahren, vor allem wegen der Unfallgefahr. Deshalb sollten Pferdekutschen vorgeschrieben werden, allerdings nur, wenn diese sowie ihre Zugtiere von der EU genau so streng genormt werden, wie der Krümmungsgrad von Bananen. Auch ein Gesetz gegen Hausarbeit ist überfällig, denn sie ist nachweislich die unfallträchtigste aller Beschäftigungen.[237]

---

[236] vgl. Schneider, Peter: „Die sanfte Diktatur", in: Cicero 6/2009, S. 45
[237] vgl. Westen, Peter: „Was der Staat noch verbieten könnte", in: Air Berlin Magazin, o.J., S. 8

Die Intimität und die Sexualität – Pure Perversion

Der höchst private Intimbereich wird durch die Medien immer mehr zum Allgemeingut. Sexualität verkommt zur Perversion und ist nur noch ein schmutziges Geschäft. Die Sexindustrie hat das Land im Griff. Die Deutschen sind begeistert und tappen millionenfach in die Falle.

Der neue Trend, ein Höhepunkt an Geschmacklosigkeit: Schamlos-Urlaub mit Live-Sex und Orgien auf der Bühne, Suff und Schaumparty. Die Deutschen gehen inzwischen auch auf das Segelschiff „Bucanero" weil sie dort für 15 Euro eine ganze Nacht lang wilde Orgien ohne Tabus feiern können. Betrunken und völlig enthemmt geht es dort zur Sache.[238] Neuerdings gibt es einen „Fremdgeh-Atlas"[239], in dem man nachlesen kann, in welchen Städten Mann und Frau besonders untreu und damit am leichtesten „umzulegen" sind. Demnach gehen in München die meisten Frauen fremd, gefolgt von Köln und Frankfurt.[240] Wenn man dem Elaborat glauben kann, sind ein Drittel aller deutschen Frauen und Männer untreu.

Giulia Siegel (34), C-Prominente und schräge „Moderatorin" der seichten TV-Kuppel-Show „Giulia in Love" (Pro Sieben), erklärte: „Eine Beziehung besteht zu 80 Prozent aus Sex!"[241] Die Deutschen

---

[238] vgl. Sex, Suff und Orgien, in: www.bild.de vom 22.08.2009.
[239] getarnt als eine Fremdgeh-Studie der Internet-Partnervermittlung „Parship".
[240] vgl. „Der Fremdgeh-Atlas 2009, In München suchen die meisten Mädels das schnelle Abenteuer", in: www.bild.de vom 22.08.2009.
[241] vgl. „Giulia Siegel: Liebe ist 80 Prozent Sex", in: www.bild.de vom 07.08.2009.

sind begeistert. Wie armselig muss eine Existenz sein, wenn für den zwischenmenschlichen Tagesablauf, Freunde, Freizeit, Lebensart und Kultur nur 20 Prozent übrig bleiben?

Auch das Fernsehen produziert immer mehr Brechreiz-Sendungen, selbst das öffentlich-rechtliche. Thomas Gottschalk pervertiert im ZDF bei „Wetten, dass?" mit Ekel-Wetten wie der „Kot-Wette", bei der eine Tierpflegerin Tiere anhand ihrer Ausscheidungen „erriechen" konnte. In einer anderen Sendung wurde ein Kandidat präsentiert, der den Schweißgeruch von Füßen aus Gummistiefeln bestimmten Personen zuordnen konnte. Dieter Bohlen macht „Furz-TV" bei dem der Kandidat Musik-Klassiker furzt. Das Publikum kotzt nicht, es spendet Beifall. Dies zeigt das kulturelle Niveau vieler Deutschen.

Die Presse mischt kräftig mit. Themen wie „Wie oft kann ein Mann wirklich?"[242] oder „Domina im Prügel-Mobil unterwegs"[243] beherrschen die Schlagzeilen. Selbst vermeintlich seriöse Autoren wie Roger Willemsen, den man oft als „Vorzeigeintellektuellen" verkennt, greift in einem Zeitungsbeitrag Topmodel Heidi Klum und ihre TV-Sendung „Germany's next Topmodel" an und schweinigelt, er wolle „sechs Sorten Scheiße aus ihr herausprügeln". Das Publikum freut sich über jeden Dreck, der ihm vor die Füße geworfen wird.

---

[242] www.bild.de vom 24.07.2009
[243] www.bild.de vom 15.10.2009

Die Buchverlage wollen ihren Platz am Schweintrog sichern und publizieren Bücher wie „Feuchtgebiete", in dem Intimbereiche, Ausscheidungen und Flüssigkeiten des weiblichen Körpers erkundet werden. Das Werk beginnt mit einer Analfissur und Hämorrhoiden, es geht weiter mit dem „Schwanz in meinem Arsch" und mit „von hinten kommend Zunge in die Muschi, Nase in den Arsch" oder „Zurück zum Arschrasieren. Ich weiß im Gegensatz zu anderen Menschen sehr genau, wie mein Poloch aussieht". Untersucht wird ferner „Eiter und eine prall gefüllte Wundwasserblase, die aus dem Poloch raushängt." In der Folge wird es dann immer ekeliger. Die perverse Autorin Charlotte Roche, die für ihren Kotzroman in fast jedem TV- und Radiosender und in fast jedem Printmedium werben konnte, taucht inzwischen auf der Liste der wichtigsten Schriftsteller Deutschlands auf.

Die Jugend hat zum großen Teil niemals erfahren, echte Gefühle zu erleben und auszudrücken. Sie wachsen mit dem pornografischen Schmutz in den Medien, ekelhaften TV-Sendungen und der schon zur Normalität gewordenen perversen Umgangssprache auf. Die Medien sind auf Sex, Blut und Gewalt fixiert. Jedes Kind kann sich von der Internetplattform YouPorn Pornos aufs Handy herunterladen. Und die Eltern zeigen sich entweder unbeeindruckt oder scheinheilig schockiert, wenn ihre 13jährige Tochter ihren ersten Sex gesteht. Ihr Rat lautet dann allenfalls: „Aufpassen!"

Und die Literatur liefert kräftige Unterstützung. In Sarah Kuttners Elaborat „Mängelexemplar" liest sich das dann so: „Mein Onkel hat mich ein bisschen missbraucht, hihi, aber passt schon, war ja nur Ficken". Die Autorin Ariadne von Schirach ordnet dies alles zutreffend mit zwei Worten ein: „Generation YouPorn".[244]

Die Deutschen werden derzeit von der Industrie zum Kampf gegen die Körperbehaarung aufgestachelt. Der behaarte James Bond alias Sean Connery, einst ein männliches Sexsymbol, ist out. Den Menschen wird immer mehr eingeredet, dass Körperbehaarung eklig und unsexy sei. Damit lassen sich Milliarden verdienen. Wie geht das? Seitens der Marketingstrategen kein Problem. Es wird zunächst einmal ein Hygienewahn erzeugt, indem die Medien von den Werbestrategen mit Umfragen und Gutachten befeuert werden, die besagen, dass Körperbehaarung unhygienisch sei, Schamhaare seien nicht mehr gesellschaftsfähig und Unrasierte weniger Sex-Chancen hätten. Bezahlt werden diese Studien dann regelmäßig von Firmen wie Gilette, Wilkinson oder Phillips, die mit der Enthaarungsmode beste Geschäfte machen, denn sie halten zahlreiche Spezialprodukte bereit: Duftende Tinkturen, Intimreinigungstücher, Scheidenspülungen, Epiliergeräte und jede Menge Spezialrasierer für Männer und Frauen. Gleichzeitig streuen die Werbestrategen die Lüge, dass sich bereits 88 Prozent der Frauen und 67 Prozent der Männer die Intimzone enthaaren. Tatsächlich aber unterwerfen sich gerade mal 18,4 Prozent der Bevölkerung diesem modischen Diktat.[245]

---

[244] von Schirach, Ariadne: „Generation YouPorn", in: Cicero 8/2009, S. 109 f.
[245] vgl. "Das zweite Gesicht", in: DER SPIEGEL 29/2009, S. 116 f.

Niemand weist in seriöser Weise darauf hin, dass Intimbehaarung einen biologischen Sinn hat. „Unter den Achseln und in der Schamgegend verhindern sie, dass Haut auf Haut pappt. Zugleich wirken sie als kühlende Schweißverdunster und damit, so vermuten Biologen, auch als Duftwedel, der genetisch passende Liebespartner anlockt."[246]

Psychoanalytiker haben eine Erklärung für diesen Wahn. Emanzipierte Frauen entwickeln den geheimen Wunsch, harmlos, unreif und infantil zu erscheinen, um der Partner nicht zu verunsichern. „Warum sonst, lästerte die Zeitschrift Emma, liefen die Frauen plötzlich mit „Kindermösen" herum?"[247] Ladenketten wie Hairfree oder Cleanskin versprechen dazu die nachhaltige Glattheit, wenn man ihre Wachsprodukte oder Epiliergeräte einsetzt.

Nächstes Beispiel: Die Deutschen haben einen Drang zum Nacktsein. Das ist an sich kein Grund zur Sorge. Dass FKK boomt ist auch nichts Neues. Doch jetzt geht der Wahn weiter: Der erste Golfplatz für Nackte wurde eröffnet, Nacktradeln wird immer beliebter – 70 Städte in 20 Ländern nehmen inzwischen am „Weltnacktradeltag" teil – ebenso ausgiebige Nacktwanderungen. Ein Fitness-Studio in Berlin bietet Body Building nackt an. Campingplätze für Nackte werden eröffnet, es gibt Nackt-Ferienanlagen und immer mehr Sportarten werden nackt

---

[246] ebd. S. 117.
[247] ebd.

praktiziert.[248] Dies alles ist Geschmacksache, es wird dann aber zum öffentlichen Ärgernis, wenn man die schwabbelnden Hängebusen, Dickbäuche und missgebildeten Hinterteile ansehen muss.

In die Reihe der Geschmacklosigkeiten gehört auch die Besessenheit der Deutschen Frauen zur Magersucht. Sicher, jeder möchte schlank sein, das ist ein natürlicher Wunsch. Doch was von den meisten Frauen und der Modebranche als „schlank" fehlinterpretiert wird, ist nichts anderes als krankhafte Magersucht. Zu magere Menschen leiden zudem unter Mangelerscheinungen, die zu Schwäche-anfällen, Haarausfall usw. führen. Und wenn der uralte, schräge „Modezar" Karl Lagerfeld mit seinem losen Mundwerk Magermodels verteidigt[249], dann ist dies nichts anderes als Perversion.

Wie wohl tut da eine Meldung aus der Modepresse: Die Frauenzeitschrift „Brigitte" will künftig keine abstoßenden Magermodels mehr zeigen, sondern Mode an Frauen mit normaler Figur. Brigitte-Chefredakteur Andreas Lebert kommentierte dazu: „Die gesamte Branche ist magersüchtig … Models wiegen heute durchschnittlich 23 Prozent weniger als normale Frauen … Seit Jahren müssen wir die Mädchen auf den Fotos dicker machen, die Schenkel, das Dekolleté … und was hat das noch mit unseren echten Lesern zu tun?"[250]

[248] vgl. „Hüllenloser Freizeitsport ist der nackte Wahnsinn", in: www.bild.de vom 21.08.2009
[249] „Karl Lagerfeld verteidigt Magermodels", dpa-Meldung vom 11.10.2009.
[250] „Lagerfeld über Mager-Models", in: www.süddeutsche.de vom 11.10.2009.

Der Afghanistankrieg:
Deutscher Bullshit am Hindukusch

Die Deutschen haben im Afghanistankrieg nichts erreicht, sich aber viele neue Feinde geschaffen. Die Einschätzung von Ex-Verteidigungsminister Peter Struck „Deutschland wird auch am Hindukusch verteidigt" ist naiv und unverantwortlich. Denn dieser Krieg, in dem Deutschland nichts verloren hat, ist nicht anderes als ein „Terrorzuchtprogramm".[251] Die Bombardierung von Dörfern und unschuldigen Zivilisten lassen sich junge Menschen selbstverständlich nicht gefallen und werden zu Terroristen. So kommt es dazu, dass der Innenminister in Deutschland die Terroristen jagt, die sein Kollege, der Verteidigungsminister, in Afghanistan heranzüchtet.[252] „Die Bush-Regierung hat viel mehr muslimische Zivilisten getötet als al-Qaida westliche Zivilisten."[253] Allein 2008 wurden fünf Hochzeitsfeiern bombardiert, weil man sie als Terrorgruppe einschätzte. Völlig wahnsinnig, völlig sinnlos. Und Deutschland unterstützt diesen Krieg. Der Einsatz der US-Militärs kostet jeden Tag 100 Millionen US-Dollar. Mit diesen Summen könnte man den Hunger und die Not der gesamten Welt beseitigen.

Die USA begeht dort Bombenterror und der Selbstmordterrorismus ist die Antwort, denn „Terror ist die Waffe des kleinen Mannes." Viele der feigen Bundestagsabgeordneten halten den Afghanistankrieg für Bullshit, doch sie trauen sich nicht, es laut

---

[251] Jürgen Todenhöfer im Interview mit dem SPIEGEL: „Abgeordnete an die Front", in: DER SPIEGEL, 27/2009, S. 28.
[252] vgl. ebd.
[253] ebd.

auszusprechen. Den 43.250 Soldaten der Internationalen Schutzgruppe in Afghanistan (ISAF) stehen vier Millionen Mann im Kampfalter von 15 bis 29 Jahren gegenüber. Ihnen folgen 6,5 Millionen Knaben unter 15, die sich bereits jetzt für künftige Schlachten kampfbereit machen.[254] An solchen Dimensionen sind bereits die Russen gescheitert. Sie wollten 1979 den Sieg in Afghanistankrieg in wenigen Wochen erringen doch dann dauerte der Kriegseinsatz achteinhalb Jahre. Als die Supermacht 1998 abzog, hatte sie eine Million Menschen getötet und 1,2 Millionen verletzt. Die Nato-Verbände werden länger in Afghanistan bleiben und noch größeren Schaden anrichten.

Der Bundeswehr-Oberst Georg Klein hatte am 4. September 2009 US-Kampfflugzeuge angewiesen, zwei von Taliban gekaperte Tanker nahe Kundus zu bombardieren. 142 Menschen wurden dabei getötet, überwiegend Zivilisten. Eine militärisch völlig unangemessene Entscheidung. Die Kritik an dieser Entscheidung war international und vernichtend. Der Nato-Befehlshaber für Afghanistan, Stanley McChrystal, hatte schon vor der Bombardierung angeordnet, dass Luftschläge bei Gefahr für Zivilisten zu unterbleiben haben.[255] Der neue Verteidigungsminister zu Guttenberg hält die Bombardierung für „angemessen" und „alternativlos." Hier irrt Herr zu Guttenberg aber gewaltig: Die Alternative zu bombardieren ist nämlich ganz einfach: nicht bombardieren.

---

[254] vgl. Heinsohn, Gunnar: „Acht Jahre Afghanistankrieg", in: Cicero 10/2009, S. 18.
[255] vgl. „Kritik an Guttenberg nach Aussagen zu Bombenangriff in Afghanistan", in: www.focus.de vom 07.11.2009

Nach acht Jahren Herumballern, vielen Milliarden sinnlos ausgegebenen Euro und zahlreichen toten deutschen Soldaten wollen drei Viertel der Deutschen raus aus Afghanistan.

Die Korruption: Bakschischmentalität nimmt zu

Der Schriftsteller Günter Grass übte auf der Frankfurter Buchmesse im Oktober 2009 scharfe Kritik an den Verhältnissen in Deutschland. "Die Bundesrepublik ist mittlerweile ein von Korruption verseuchtes Land", sagte der Schriftsteller. Das Parlament solle eigentlich das Volk vertreten, werde aber umlagert von einer Wirtschaftslobby, die mitspreche und auch mitregiere. Dass dies zu Korruption führt, liegt auf der Hand.

Was ist Korruption? In Strafgesetzbuch kommt dieser Begriff überhaupt nicht vor. Es handelt sich dabei also um ein nicht ganz klares Phänomen. Die Deutschen sprechen zwar viel und hochnäsig über Korruption in anderen Ländern, wenn es aber um das eigene Land geht, werden sie selbstgefällig. Tatsächlich rutscht Deutschland auf der Korruptionsliste von Transparency International immer weiter ab.

In Deutschland greift die „kleine Korruption" ebenso um sich, wie die „große Korruption". Wer beispielsweise einem kontrollierenden Polizeibeamten 300 Euro anbietet, um nach einer Trunkenheitsfahrt den Führerschein zu behalten, gehört in die Kategorie „kleine Korruption". Wenn aber ein Bauunternehmer einem Bauamtsleiter regelmäßig 10.000 Euro anbietet, um die Genehmigung für problematische Bauvorhaben zu erhalten, würde dies wohl in die Kategorie „große Korruption" eingeordnet. Wir haben es also – strafrechtlich gesehen – mit Bestechungsdelikten zu tun.

Bestechung gibt es in allen Bereichen, in jedem Amt, also von „A" wie Ausländeramt bis „Z" wie „Zulassungsstelle". Gegen Bares werden Markstände vergeben, Visa für ausländische Staatsbürger und Konzessionen für Gaststätten und Spielsalons erteilt. Man „kauft" Aufenthaltserlaubnisse, Führerscheine, Abschleppaufträge.

Besonders korruptionsanfällig ist die Auftragsvergabe der öffentlichen Hand und das Beschaffungswesen, so zum Beispiel beim Einkauf von Ausrüstungsgegenständen. Gerne gezahlt und kassiert wird für Baugenehmigungen und öffentliche Bauaufträge, Abfallbeseitigung, Asylbewerberunterkünfte. Speziell im Bausektor besteht ein hoher Grad an Korruption. Preisabsprachen und manipulierte Ausschreibungen gehören dazu. Schmiergelder werden in die Ausschreibungen eingerechnet.[256]

Das Problem dabei: Wo Bestechung und Bestechlichkeit regiert, ist der seriöse Unternehmer kaum mehr überlebensfähig, denn er geht leer aus. Die Folgen für die Wirtschaft bleiben nicht aus. Der durch Korruption angerichtete Schaden ist schwer zu ermitteln, er dürfte um die 50 Milliarden Euro jährlich betragen.

---

[256] vgl. Zachert, Hans-Ludwig: „Korruptes Deutschland", in: Frankfurter Allgemeine Zeitung vom 30. 07. 2001

Allein bei öffentlichen Bauaufträgen, so eine Schätzung des Frankfurter Oberstaatsanwaltes Wolfgang Schaupensteiner, verliert der Staat zehn Milliarden Mark im Jahr. Die Dunkelziffer liege bei 95 Prozent.[257]

Das Spektrum der Korruption reicht auf lokaler Ebene vom Sachbearbeiter bis zum Bürgermeister. Im weiteren Verlauf erreicht Korruption jeden Amtsträger, bis hinauf zum Ministerpräsidenten. Selbst Bundeskanzler Helmut Kohl steht noch heute unter Korruptionsverdacht. Der Vorsitzende des Parteispenden-Untersuchungsausschusses, Volker Neumann, hält den Verdacht, Entscheidungen der früheren Kohl-Regierung seien durch finanzielle Zuwendungen an die CDU beeinflusst worden, nicht für ausgeräumt.[258] Neumann: "Insbesondere die Tatsache, dass Helmut Kohl die Namen von Parteispendern nach wie vor geheim hält, lässt vermuten, dass an Hand dieser Zahlungen eine Käuflichkeit von Regierungsentscheidungen nachweisbar wäre".[259]

Wer Politikern „Gefälligkeiten" erweist, bewegt sich in einer Grauzone, denn „Gefälligkeiten" sind nicht strafbar. Werden diese publik, wird der Druck oft sehr stark und schon mancher Spitzenpolitiker hat deshalb sein Amt aufgegeben.

Es gibt zahlreiche Beispiele spektakulärer Korruptionsfälle.

---

[257] vgl. „Korruption in Deutschland", in: Focus Nr. 30/2001
[258] vgl. Förster, Andreas: „Neumann: Korruptionsverdacht nicht ausgeräumt", in: Berliner Zeitung, 27.01.2001
[259] zit. nach ebd.

Hier einige Beispiele:

1991: Die Traumschiff-Affäre

Baden-Württembergs Ministerpräsident Lothar Späth (CDU) tritt zurück. Er hatte sich von einem Unternehmer unter anderem einen Ägäis-Urlaub zahlen lassen.

1995: Die Banken-Affäre

Klaus Landowsky, Berlins CDU-Fraktionschef und Boss der Hypo-Bank verliert Job und Parteiämter. Ein Immobilienunternehmer zahlte ihm eine Parteispende und erhielt einen riskanten 600-Millionen-Kredit.

1999: Die Hochzeits-Affäre

Niedersachsens Ministerpräsident Gerhard Glogowski tritt zurück. Ein Reiseunternehmen hatte ihm den Flug in die Flitterwochen spendiert.

Korruption oder Bestechung wird in § 331 des Strafgesetzbuches mit „Vorteilsannahme" bezeichnet. Die Strafandrohung dazu wörtlich: „Ein Amtsträger oder ein für den öffentlichen Dienst besonders Verpflichteter, der für die Dienstausübung einen Vorteil für sich oder einen Dritten fordert, sich versprechen lässt oder annimmt, wird mit Freiheitsstrafe bis zu drei Jahren oder mit Geldstrafe bestraft." In der freien Wirtschaft drohen bei Manipulation von Ausschreibungen Freiheitsstrafen bis zu fünf Jahren, bei unlauterer Bevorzugung von Firmen drei bis fünf Jahren.

Im Strafgesetzbuch gibt es auch den § 108e (Abgeordneten-korruption). Doch auch dieser verpufft, denn er droht nur Strafe bei Stimmenkauf an. Alle anderen Korruptionskriterien fehlen in dieser Bestimmung. Wenn ein Abgeordneter also in anderem Zusammenhang Geld annimmt, handelt er völlig legal.

Bei der Korruption geht es oft völlig skrupellos zu und es fehlt meist an Unrechtsbewusstsein. Selbst hart gesottene Ermittler staunen: „Die haben sogar noch weitergemacht, als wir in anderer Sache quasi im Nebenzimmer Verhaftungen vorgenommen haben", so berichtet Oberstaatsanwalt Manfred Nötzel über die Dreistigkeit des einstigen „Küchenkartells" im Münchner Baureferat. Während der Leiter der Münchner Sonderabteilung für Korruption im Juli 2001 Anklage gegen die Hauptschuldigen erhob, tat sich in Frankfurt/Main ein noch größerer Sumpf auf: Mehr als 100 Mitarbeitern des Hochbauamts und der Frankfurter Aufbau AG wurden Preisabsprachen vorgeworfen.[260]

Zu jedem Korrumpierten gehört aber auch ein Korrumpierender, denn hinter jedem Empfänger steht auch ein Geber. Es gibt hier nur Täter, aber keine unmittelbare Opfer, allenfalls die seriösen Unternehmer als indirekte Opfer, die dabei leer ausgehen. Die

---

[260] vgl. „Korruption in Deutschland", a.a.O.

Ermittler stoßen deshalb in solchen Fällen meist auf eine Mauer des Schweigens und die Aufklärung wird äußerst schwierig.[261]

Wer sich in dieses Thema vertiefen möchte, kann dies mit dem Buch „Macht und Missbrauch" von Wilhelm Schlötterer tun.[262] Dort finden man zahlreiche weitere Einzelheiten über Korruption und Raubinstinkte, Selbstbedienung mithilfe des Staatsapparates, Begünstigung vom Amigos. Der Autor schreibt aus eigener Erfahrung. Er arbeitete 30 Jahre im bayerischen Finanzministerium.

Und nun der Knaller: 137 Länder haben bisher die UN-Konvention gegen Korruption ratifiziert. Der deutsche Bundestag ist dem bisher nicht gefolgt. Auch die Entscheidung des Bundesgerichtshofes, die bestehenden laxen Vorschriften zu verschärfen, wird ignoriert. Die Mehrheit der Abgeordneten hat offensichtlich Angst vor dem Staatsanwalt. Sie sagen sich deshalb: Wir beschließen die Gesetze in eigener Sache. Aber wer würde sich denn schon selbst unter Strafe stellen?

Nicht zuletzt deshalb fällt die Bananenrepublik Deutschland im Korruptionsranking von Transparency International (TI) immer weiter zurück. In der weltweiten TI-Korruptionsrangliste belegt Deutschland derzeit Rang 14 (Stand November 2009) und liegt damit im Mittelfeld vergleichbarer Staaten. Laut TI besteht in Deutschland Handlungsbedarf beim Kampf gegen Bestechung und Bestechlichkeit.

---

[261] vgl. Zachert, Hans-Ludwig: „Korruptes Deutschland", a.a.O.
[262] Schlötterer, Wilhelm: „Macht und Missbrauch", Köln 2009.

Der Koalitionsvertrag: Ein schwarz-gelber Murks

Der Koalitionsvertrag ist 124 Seiten lang. Er enthält politische Pläne und Versprechen für die kommenden vier Jahre. Die Absichtserklärungen werden in Kürze nur noch Makulatur sein. Sie dienen zunächst nur als Grundlage für die Zustimmung in den Parteigremien.

80 Prozent dessen, was die Parteien vorher politisch vertreten haben, wird bald Geschwätz von gestern sein. Kurzfristig wird sich politisch nichts ändern. Die neue Regierung wird die Schulden des Staates in ungeahnte Höhen treiben.

Der neue SPD-Fraktionsvorsitzende Frank-Walter Steinmeier hat den Koalitionsvertrag als „Dokument der Vertagung und Verunsicherung" bezeichnet. Zentrale Fragen wie Energie, Gesundheit, Steuersystem und Steuersenkungen seien nicht wirklich beantwortet worden. „Alle wichtigen Fragen sind in Kommissionen verlagert worden, nichts ist beantwortet." Dazu zählte Steinmeier vor allem die Bereiche Steuern, Gesundheit und Energie. Durch die geplanten Einschnitte für Länder und Gemeinden drohten den Bürgern drastische Gebühren-erhöhungen.[263]

Der Koalitionsvertrag enthält umfassende Pläne zur Regulierung des Finanzsektors. Experten kritisieren diese unisono. "Es gibt

---

[263] Steinmeier kritisiert Koalitionsvertrag, dpa-Meldung vom 27. 10. 2009.

Passagen, die zeigen, wie fest die Koalition darauf hofft, dass sich Krisenrisiken einfach wegregulieren lassen", sagt Hans-Peter Burghof, Bankenprofessor an der Universität Hohenheim. "In manchen Punkten macht sie sich ziemliche Illusionen."[264] Nachfolgend einige wichtige Bestandteile des Koalitionsvertrages, kritisch betrachtet.[265]

Steuern und Haushalt

Es wurden 24 Milliarden Euro Steuerentlastung festgeschrieben. Der Witz: Steuerentlastungen von jährlich rund 14 Milliarden Euro wurden bereits von Schwarz-Rot beschlossen. Die FDP hätte gerne eine höhere Entlastung durchgesetzt. Sie erhält dafür die Aussicht auf einen neuen Stufentarif im Rahmen einer Steuerstrukturreform. Völlig unklar bleibt, wo Ausgabenkürzungen im Haushalt stattfinden könnten. Kanzlerin Merkel hat Steuererhöhungen definitiv ausgeschlossen. Das glaubt zwar niemand, aber es wird interessant, wie sie sich um dieses Versprechen herummogeln wird. Zunächst strickt die Regierung noch an Steuersenkungsplänen. Das schwarz-gelbe „Wachstumsbeschleunigungsgesetz" führte in der Ministerpräsidentenrunde zwischenzeitig zu schweren Grabenkämpfen. Die Bundesländer sollen die Zeche zahlen. Der Brüller von Schleswig Holsteins Ministerpräsident Peter Harry Carstensen (CD) an seine eigene Partei: „Ihr habt sie doch nicht alle!" spricht Bände. Sein Kollege, Peter Müller (CDU) pflichtete bei: „Für das Saarland gelte dies „erst recht und zwar hoch drei!".

---

[264] zit. nach „Experten kritisieren Bankenpläne von Schwarz-Gelb als naiv", in: www.spiegel.de vom 27. 10. 2009.
[265] vgl. im Folgenden: „Was noch fehlt", in: www.welt.de vom 24. Oktober 2009,

Bildung und Forschung

Im Koalitionsvertrag werden „verbindliche Vereinbarungen" mit den Ländern angekündigt. Doch es ist erfahrungsgemäß schwierig, Druck auf die Länder auszuüben. Diese Auseinandersetzung dürfte scheitern, denn die Länder geben Kompetenzen ungern ab. Auf Wunsch der FDP soll ein Stipendiensystem entstehen, von dem zehn Prozent der Studenten profitieren sollen. Die Koalition bekennt sich zu Biotechnologie, Stammzellenforschung und Gentechnologie. Eine Förderung auf der Basis des geltenden Rechts ist vorgesehen. Die ganze Problematik im Bildungssystem ist bei den Streiks an den Universitäten im November und Dezember 2009 zu Tage getreten.

Arbeitsmarkt

Sittenwidrige Löhne sollen gesetzlich verboten werden. Branchen-Mindestlöhne müssen in Zukunft im Kabinett einvernehmlich geregelt werden, bestehende Mindestlöhne werden bis Oktober 2011 überprüft. Hartz IV steht vor einer Strukturreform: Die FDP hätte mit ihrer Forderung nach einer Auflösung der Bundesagentur für Arbeit und der Umwandlung von Hartz IV in ein Bürgergeld glänzen können. Doch sie knickte ein, wie auch bei den Themen Kündigungsschutz und Mitbestimmung. Hier heißt es „weiter so!" Die Union wollte es sich mit den Gewerkschaften nicht verderben.

Innere Sicherheit

Bei der inneren Sicherheit soll der Visum-Missbrauch zu bekämpft und die Visaverfahren beschleunigt werden. Ansonsten gilt das

Nebelwort „Evaluierung". So sollen das BKA-Gesetz mit der Onlinedurchsuchung, das verschärfte Waffenrecht, das neue Strafrecht zur Ausbildung in Terrorcamps, die Reform der Telekommunikationsüberwachung und Internetsperren gegen Kinderpornografie überprüft werden. Generell soll der Datenschutz verbessert werden und der Bundesbeauftragte für Datenschutz erhält mehr Personal.

Energie und Klima

Die Umweltziele der schwarz-roten Regierung werden überwiegend übernommen, mit Ausnahme der verlängerten Laufzeiten für deutsche Kernkraftwerke. Das Ziel, die Treibhausgas-Emissionen bis 2020 um vierzig Prozent gegenüber dem Vergleichsjahr 1990 zu senken, wird beibehalten. Man möchte eine „ideologiefreie" Energiepolitik und erneuerbare Energien konsequent ausbauen. Der Bau von Kohlekraftwerken soll weiterhin möglich sein. Die Koalition bekennt sich zur Kernenergie als Brückentechnologie, bis sie durch erneuerbare Energien „verlässlich" ersetzt wird. Unter Einhaltung der „strengen deutschen und internationalen Sicherheitsstandards" dürfen die Laufzeiten von Kernkraftwerken v

Wehrpflicht

Die FDP wollte die Wehrpflicht abschaffen, die CDU wollte sie beibehalten und hat sich durchgesetzt. Die Zentralstelle für Kriegsdienstverweigerer (KDV) hält dies für Unsinn, denn inzwischen werden nur noch 13 Prozent eines Jahrgangs eingezogen. Die Bundeswehr hat schlicht keine Kapazitäten mehr. Es gibt eine Formulierung in Koalitionsvertrag: „Die künftige Struktur der Wehrpflicht wird sich im Zivildienst widerspiegeln, der Dienstleistungen der sozialen Einrichtungen weiter zu sichern hilft". Eine unklare, konfuse Formulierung. Der neue Verteidigungsminister hat sich dazu bisher noch nicht klar geäußert.

Familie

Die familienpolitischen Beschlüsse der Koalition sind Geschenke an den Mittelstand, denn der Kinderfreibetrag wird erhöht, Betreuungs- und der Ausbildungskosten sollen steuerlich abzugsfähig werden, das bedeutet also Nanny und Privatschule. Eher theoretisch sind hingegen die Bekenntnisse zum Ausbau der Kinderbetreuung, der frühkindlichen Bildungseinrichtungen wie der Ganztagsschulen, Mehrgenerationenhäuser, denn entweder sind die Länder zuständig, oder die Projekte stehen unter Finanzierungsvorbehalt – und die Mittel sind nicht in Sicht.

Kultur

Die staatliche Kultur- und Filmförderung bleibt unangetastet. Es bleibt auch beim Wiederaufbau des Berliner Schlosses, die Dokumentationsstätte „Flucht, Vertreibung, Versöhnung" wird eingerichtet, ebenso die bereits unter Rot-Grün beschlossene „Magnus-Hirschfeld-Stiftung", die der Diskriminierung von Homosexuellen entgegenwirken soll. Generell wird die Kulturpolitik mit zu wenig Mitteln ausgestattet.

Gesundheit

Die FDP hat unter ihrem Verhandlungsführer Philipp Rösler durchgesetzt, dass die Gesundheitsprämie, die die CDU während der großen Koalition fast schon beerdigt hatte, ein Comeback feiert. Die CSU ist gegen eine solche Prämie, musste jedoch zurückstecken. Der Gesundheitsfonds, den FDP und CSU eigentlich abschaffen wollen, bleibt vorerst bestehen, aber die FDP hat jetzt die Chance, das Gesundheitswesen umzukrempeln. Die Arbeitgeber werden sich über eine Festschreibung ihres Beitrags zur Krankenversicherung auf sieben Prozent des Bruttoeinkommens freuen. Die Arbeitnehmer werden also draufzahlen, denn Krankenkassen- und Pflegeversicherungsbeiträge fallen schon ab dem ersten sozialversicherungspflichtigen Euro an - fast jeder ist also betroffen. Alles spricht dafür, dass diese Abgaben und andere Belastungen unter schwarz-gelb steigen werden. Selbst Unionspolitiker kritisieren die Pläne der Regierung bei Pflege- und Krankenversicherung: Das Solidaritätsprinzip käme zu kurz. Ärzte, Apotheker, die Pharmabranche und vor allem die privaten Krankenversicherungen hoffen auf Vorteile. Die Versicherten müssen dagegen ab 2010 mit Zusatzbeiträgen rechnen.

Renten und Pflege

In der Pflegeversicherung wurde eine Pflicht zur zusätzlichen privaten Kapitaldeckung beschlossen. Zusätzliche Leistungen in der Pflegeversicherung gibt es nicht. Eine Angleichung der Ost- und West-Renten wird von der Finanzierbarkeit abhängig gemacht. Die

Rente mit 67 bleibt unangetastet. Der Wunsch der FDP, das Schonvermögen für Hartz-IV-Empfänger zu erhöhen, geht in Erfüllung. Kritisiert wird, dass dieser Einzelpunkt noch nicht einmal einem Prozent der Leistungsempfänger zugute kommt. Die geplante Gesundheitsreform trifft die Rentner besonders hart. Sie müssen die geplanten Beitragserhöhungen voraussichtlich in vollem Umfang selbst tragen. Bis 2016 ist keine Rentenerhöhung zu erwarten. Ein sozialer Konflikt bahnt sich an.

Integration

Die Koalition hat Integration zwar als „Schlüsselaufgabe" bezeichnet, der Koalitionsvertrag vermeidet es jedoch, Einwanderung als nötig und Gewinn für die Gesellschaft zu bezeichnen. Es ist aber nicht erkennbar, wie die Integration der sieben Millionen Zuwanderer in Deutschland erfolgen soll, eine der wichtigsten Aufgaben deutscher Politik. Ausländerbehörden sollen in „Aufenthalts- und Integrationsbehörden" umbenannt werden, eine reine Wortspielerei. Ein „Bundesbeirat für Integration" soll eingerichtet werden. Die „Deutsche Islam Konferenz" soll fortgesetzt werden. Es gibt auch konkrete Maßnahmen wie einen verbindlicher Sprachtest für alle Vierjährigen. Wer versagt, soll zum Besuch eines Sprachkurses verpflichtet werden können, damit jeder Schulanfänger über ausreichend deutsche Sprachkenntnisse verfügt. Bis dies wirkt soll die Zahl der Schulabbrecher mit Migrationshintergrund dem deutschen Durchschnitt angepasst werden. Völlig unklar bleibt dabei, wie das geschehen könnte.

Die neue Bundesregierung
Kritische Würdigung der Minister

Das Bundeskabinett besteht aus 16 Ministern. Die CDU bekommt acht, die FDP fünf, die CSU drei Ministerien. Die Besetzung erfolgt nicht etwa nach Kompetenz, sondern sie orientiert sich allein nach Parteienklüngel, Länderproporz und der Frage, wer ist für die Kanzlerin bequem und pflegeleicht. So kommt es, dass der Winzersohn, Jurist und Koch-Amigo Franz-Josef Jung (CDU) erst Verteidigungsminister, dann Arbeitsminister war und schließlich, nach seinem Rücktritt, von einer hessischen CDU-Abgeordneten ersetzt wurde. Philipp Rösler (FDP) – der noch im Februar 2009 versicherte „dass ich nie nach Berlin gehe" – wurde Gesundheitsminister, der mit zwei Spendenaffären belastete Wolfgang Schäuble (CDU) Finanzminister und der Arbeitsvermittler Dirk Niebel (FDP) übernahm das Entwicklungsministerium, welches seine Partei noch vor der Wahl abschaffen wollte. Eine tolle Truppe.

In der neuen Regierung findet sich – von wenigen Ausnahmen abgesehen – die geballte Inkompetenz zusammen. Kein einziger ostdeutscher Minister findet sich im Kabinett. Es handelt sich in vielen Fällen um alte Frauen und Männer, die für alles andere stehen, als für einen Neubeginn. Hier kann jeder alles. Wer vorher schon als Verteidigungsminister nichts konnte, darf jetzt als Arbeitsminister versagen. Wer als Innenminister nur negative Schlagzeilen produzierte, darf dies jetzt als Finanzminister noch verstärken. Wer sonst noch in seinem früheren Arbeitsbereich eine

Lachnummer war, darf das jetzt gerne als Minister wiederholen. Die Regierungserklärungen von Merkel und Westerwelle am 10. November 2009 waren dann auch entsprechend: Je eine Stunde geredet, doch nichts gesagt. Absolut nichts Neues. Larifari. Oder, wie der „stern" es formuliert: „Worthülsen en masse".[266] Merkel hat keine Vision, Westerwelle fehlt eine Mission.

Beim Versuch, Steuersenkungen mit Schattenhaushalten abzufedern, also durch hohe Neuverschuldung zu finanzieren, war Merkels „Geheimwaffe" und neuer Innenminister Lothar de Maizière maßgeblich beteiligt. Hermann Otto Solms hatte Westerwelle mit dieser miesen Idee angesteckt und dieser dann de Maizière. Schließlich war es de Maizière, der dies den CDU-Mitgliedern der Koalitionsrunde Finanzen vortrug – und damit scheiterte. Dem CDU-Abgeordneten Steffen Kampeter, einem konsequenten Sparer, soll es zu verdanken sein, dass der „Sonderfonds" verhindert wurde. De Maizière gab dabei keine gute Figur ab: Er wollte einen schon beschlossenen Verfassungsbruch in das Koalitionsprogramm aufnehmen.

Die Kanzlerin nennt den Koalitionsvertrag und ihre Regierungsmannschaft „mutig". Ja, in der Tat, man muss schon mutig sein, eine solche Gurkentruppe ins politische Schlachtfeld zu schicken. Die Mehrheit der Bundesbürger hält die Besetzung der Ministerien für falsch.[267] Apropos: Warum kam niemand auf die Idee, die Kanzlerin auszutauschen?

---

[266] Schütz, Hans Peter: „Worthülsen en masse" Kommentar in www.stern.de vom 10.11.2009
[267] Umfrageergebnis ZDF-Politbarometer vom 31. Oktober 2009

DIE KANZLERIN

Angela Merkel (55) CDU

Zur Person: Die evangelische Pfarrerstochter ist Ostdeutsche, kinderlos, geschieden, zum zweiten Mal verheiratet. Nach dem Abtritt Kohls von der großen politischen Bühne war sie die einzige, die sich nach vorne wagte. Für den Parteivorsitz hätte damals auch ein Besenstiel erfolgreich kandidieren können.

Zur Qualifikation: Von Beruf Physikerin. Wird als die mächtigste Frau der Welt gehandelt. War Mitglied in der FDJ (Freie Deutsche Jugend) der DDR. in der DDR-Partei "Demokratischer Aufbruch" (DA), danach „Kohls Mädchen" und Bundesministerin. War Generalsekretärin der CDU, Vorsitzende der CDU/CSU-Bundestagsfraktion, CDU-Bundesvorsitzende. Stellt sich gegen Stimmen in der eigenen Partei im Dritten Golfkrieg demonstrativ an die Seite der USA. Merkel ruft ihre Partei in einem offenen Brief dazu auf, sich von ihrem Ehrenvorsitzenden Kohl zu lösen.

Bei ihrer Wiederwahl zur Kanzlerin fehlten ihr neun Stimmen aus der eigenen Fraktion. Abgeordnete aus den neuen Bundesländern sind sauer, dass sie keinen einzigen ostdeutschen Minister ins Kabinett geholt hat. Ein totaler Fehlstart.

Zur Beurteilung: Fehlbesetzung. Eine Matrone. Weltmeisterin in den Disziplinen „Herumeiern" und „Aussitzen".

FINANZMINISTER

Wolfgang Schäuble (67) CDU

Zur Person: Er ist evangelisch, verheiratet und hat vier Kinder. Wolfgang Schäuble ist derzeit der dienstälteste aktive Parlamentarier. 67 Jahre ist eigentlich das Renteneintrittsalter.

Zur Qualifikation: Von Beruf Wirtschaftsjurist. studierte Rechts- und Wirtschaftswissenschaften und promovierte 1971 zum Dr. jur. Beachtenswert ist: Wolfgang Schäuble hat die größte Finanzoperation der deutschen Geschichte verhandelt - die Wiedervereinigung. Da hat zwar nicht alles geklappt, aber im großen Ganzen war sie erfolgreich. War von 1989 bis 1991 und von 2005 bis 2009 als Innenminister zuständig für die Innere Sicherheit. Dies brachte ihm den Spitznamen „Rumsfeld auf Rädern" ein.

Einen Pluspunkt hat er sich während der Koalitionsverhandlungen verdient. Schäuble hat den versuchten Betrug mit den Schattenhaushalten verhindert. Er äußerte verfassungsrechtliche Bedenken. Sodann bekam schwarz-gelb kalte Füße und verzichtete auf diese Trickserei. Wolfgang Schäuble kennt den Murks der Koalitionsverhandlungen und beugt schon einmal vor. Er schließt nicht aus, „dass es nach den geplanten Steuersenkungen wieder Steuererhöhungen geben könnte".

Zur Beurteilung: Fehlbesetzung. Die Frage, ob ein Politiker, der gleich in zwei Korruptions- und Steueraffären der Republik verwickelt war, künftig für Steuergerechtigkeit zuständig sein sollte, darf man getrost stellen.

INNENMINISTER

Thomas de Maizière (55) CDU

Zur Person: Verheiratet, drei Kinder. Kühl, arrogant, emotionslos. Gilt als Allzweckwaffe und Feuerwehrmann Angela Merkels. Duzt sich mit ihr, seit er sie in den Tagen der Wiedervereinigung zur Ost-CDU schleuste. Leitete die Staatskanzleien in Schwerin und Dresden, war in Sachsen Finanz-, Innen- und Justizminister, ehe er sich von Merkel 2005 als Kanzleramtsminister in Berlin anheuern ließ.

Zur Qualifikation: Von Beruf Jurist. Hat Jura und Geschichte in Bonn und Freiburg studiert. Das politische Geschäft eignete er sich jedoch in der Ex-DDR an. Streitet gerne, macht aber auch gerne Kompromisse. Besitzt Durchhaltevermögen. Ist kein FDP-Fan. Kurt Biedenkopf war sein Förderer und hätte ihn am liebsten zu seinem Nachfolger als sächsischer Ministerpräsident gemacht. Liest und denkt schneller als andere. Suchte nach eigenem politischen Freiraum, den er als Kanzleramtsminister nicht hatte. Deshalb strebte er ein eigenes Ressort an, in dem er aus der unsichtbaren Arbeit im Kanzleramt herausfinden konnte. Das bietet ihm jetzt das Innenministerium. Thomas de Maizière kann aber auch skrupellos sein. Beim Versuch, Steuersenkungen mit Schattenhaushalten abzufedern, also durch hohe Neuverschuldung zu finanzieren, war er maßgeblich beteiligt.

Zur Beurteilung: Bedenkliche, aber hinnehmbare Besetzung. Typischer Beamter. Langweilig aber loyal. Man muss ihn aber unter ständiger Beobachtung halten.

UMWELTMINISTER

Norbert Röttgen (45) CDU

Zur Person: Geboren am 2. Juli 1965 in Meckenheim; römisch-katholisch; verheiratet, zwei Söhne, eine Tochter. Ein Nachwuchstalent der CDU. Er war bisher parlamentarischer Geschäftsführer der CDU/CSU-Fraktion.

Zur Qualifikation: Hat in Bonn Jura studiert und sitzt seit 1994 im Bundestag. Von 2002 bis 2005 war er rechtspolitischer Sprecher der CDU/CSU-Fraktion. In Politikerkreisen gilt der 45-jährige als Wirtschaftskenner und als Taktgeber für die wirtschaftspolitische Meinung von Bundeskanzlerin Angela Merkel. Dagegen ist er in Sachen Umwelt- und Energiepolitik bislang kaum in Erscheinung getreten.

Norbert Röttgen ist mit Umweltpolitik bisher kaum befasst gewesen. Besonders witzig: Der neue Umweltminister hat an den Verhandlungen zum umweltpolitischen Teil des Koalitionsvertrages überhaupt nicht teilgenommen. Es stehen ihm harte Zeiten bevor. Die Kompetenzen für erneuerbare Energien werden nicht, wie zeitweise geplant wurde, ins Wirtschaftsministerium abgegeben. Das heißt, dass Röttgen nun dafür kämpfen kann.

Zur Beurteilung: Akzeptable Besetzung. Typ netter Kerl. Er muss erst noch zeigen, was er im neuen Amt drauf hat. Dort Röttgen wird seinen Weg machen.

FORSCHUNGS- UND BILDUNGSMINISTERIN

Annette Schavan (54) CDU

Zur Person: Ledig. Katholisch. Typ Tante Emma. Typ Oberlehrerin.

Zur Qualifikation: Theologin. Sie hatte Jobs wie „wissenschaftliche Referentin bei der Bischöflichen Studienförderung „Cusanuswerk" oder „Abteilungsleiterin für außerschulische Bildung im Generalvikariat in Aachen". In der Bildungspolitik brachte sie bisher nichts zustande. Verteidigte jahrelang Studiengebühren. Sie hat ein ausgeprägt konservativ-katholisches Weltbild.

Das deutsche Bildungssystem hält Anette Schavan trotz der schlechten OECD-Noten für gut. Schavan weiß natürlich, wie begrenzt ihre Möglichkeiten sind. Denn Bildung ist Ländersache und als Bundesbildungsministerin hat sie kaum Einfluss auf die Länder – es sei denn übers Geld. Im Jahr 2015 soll jeder zehnte Student ein Stipendiat sein. Die Hälfte der Kosten soll die Wirtschaft zahlen, die andere Hälfte Bund und Länder. Die Bundesvorsitzende der Arbeitsgemeinschaft für Bildung (AfB), Dr. Eva-Maria Stange, kritisierte dieses Vorhaben als „Einstieg in die Privatisierung von Bildungschancen." Das geplante Stipendienmodell sei nicht anderes als eine langsame Aushöhlung des BAföG.

Zur Beurteilung: Fehlbesetzung. Warum sie diesen Job bekommen hat, weiß auch in der CDU keiner so genau. Es liegt aber ganz sicher an ihrer Nähe zu Angela Merkel. Die Kanzlerin begünstigt Hofschranzen. Sie ist farblos, langweilig, Typ Tante Frieda.

ARBEITS- UND SOZIALMINISTERIN

Ursula von der Leyen 51 (CDU)

Zur Person: Geboren am 8. Oktober 1958 in Brüssel; verheiratet, sieben Kinder. Ihr Vater, Ernst Albrecht, war Ministerpräsident von Niedersachsen. Studierte Volkswirtschaft, nach sechs Semestern sattelte sie auf Medizin um und schloss das Medizinstudium ab. Bis zur Geburt ihres dritten Kindes arbeitete sie als Assistenzärztin.

Zur Qualifikation: Ärztin. In Niedersachsen war sie bereits zweieinhalb Jahre Landessozialministerin. Weil die Kanzlerin möglichst wenig konfliktträchtige Ministerien bei der CDU sehen wollte, hat sie von der Leyens Wunsch, Gesundheitsministerin zu werden, abgeblockt. Wegen der anstehenden Gesundheitsreform und der sicherlich weiter steigenden Kosten für die Versicherten wird dieses Ministerium nicht zu den ruhmreichen Schlachtfeldern gehören.

Als erste Aufgabe wartet auf Sie die problematische Reform der Arbeitsamtverwaltung. Markenzeichen von der Leyen: Affektierte Strahleauftritte am laufenden Band. Mit ihrem Dauergrinsen kann sie sicherlich einige Probleme übertünchen. Ob sie auch den sich deutliche abzeichnenden Anstieg der Arbeitslosenzahlen weggrinsen kann, darf bezweifelt werden. Hier ist Kompetenz gefragt, die dann beweisen kann – und muss.

Zur Beurteilung: Akzeptable Besetzung. Sie muss sich im neuen Amt aber erst einmal bewähren.

FAMILIENMINISTERIN

Kristina Köhler 32 (CDU)

Zur Person: Diplomsoziologin, Bundestagsabgeordnete aus Wiesbaden. Kam 2002 mit 25 in den Bundestag. Mit 32 ist sie das jüngste Kabinettsmitglied der schwarz-gelben Koalition. Sie nutzt Internetplattformen wie facebook und twittert.

Zur Qualifikation: Sie war Obfrau der CDU/CSU im Bundestags-Untersuchungsausschuss, der die Verwicklung des BND in den Irakkrieg beleuchtete. War innenpolitische Berichterstatterin der Union und stellvertretende Vorsitzende der Fachausschusses „Innenpolitik und Integration". Sie gewann 2009 in Wiesbaden ihr Bundestagsmandat direkt gegen politische Schwergewichte wie Heidemarie Wieczorek-Zeul (SPD) und Wolfgang Gerhard (FDP), eine beachtliche Leistung.

Trotz ihrer Jugend hat sie politisches Gespür. Sie lässt sich in ihrer Heimat regelmäßig blicken. Sie trat mit ihrer Äußerung hervor, dass es unter Ausländern Deutschfeindlichkeit und Gewaltbereitschaft gegen Deutsche gibt. Sie unterstützt die Passage im Koalitionsvertrag, wonach Programme gegen Rechtsextremismus auch auf Extremismus in der linken und islamistischen Ecke ausgedehnt werden müssten.

Zur Beurteilung: Interessante, hoffnungsvolle Besetzung. Eine erfrischende Alternative zu Franz-Josef Jung, der vom Amt des Familienministers nach vier Wochen zurücktreten musste.

KANZLERAMTSMINISTER

Ronald Pofalla (50) CDU

Zur Person: Evangelisch; verheiratet. Kanzleramtsminister ist sein Traumjob. In der CDU wuchs zuletzt die Unzufriedenheit über Ronald Pofalla, der das schlechteste Wahlergebnis der CDU seit 1949 zu verantworten hat.

Zur Qualifiaktion: Jurist und Diplom-Sozialpädagoge. Die Nachricht, dass der Langweiler der CDU Kanzleramtsminister wird, wurde einerseits mit Erstaunen und Ratlosigkeit, andererseits mit Belustigung aufgenommen: Die Kanzlerin, so die vorherrschende Einschätzung, schare bequeme, ausgebrannte Provinzpolitiker um sich. Ein Steuerskandal zur Jahrtausendwende. Das Verfahren gegen Pofalla und seine damalige Frau Britta wurde mangels Beweisen eingestellt. Trotzdem konnte anscheinend niemand in der CDU verhindern, dass Pofalla 2005 CDU-Generalsekretär wurde. Sein neues Amt als Kanzleramtsminister hat er sich „erdient". Zahlreiche Parteigrößen ärgerten sich in letzter Zeit über die schwachen Auftritte des Generalsekretärs; er schaffe es nicht, deutlich zu machen, wofür die CDU überhaupt noch stehe. Die Kanzlerin berücksichtigte   also, was der CDU-nahe FOCUS bemerkte: Pofalla sei gut für hinter der Theke, aber nicht zum Servieren.

Zur Beurteilung: Totale Fehlbesetzung. Abgeschottet und im Schatten der Kanzlerin ist er zwar nahe dran an den Schalthebeln der Macht. Die kann er aber nicht bedienen. Außerdem: Merkels Büroleiterein wird ihn beaufsichtigen und – wo nötig – abwatschen.

AUSSENMINISTER

Guido Westerwelle (49) FDP

Zur Person: Wurde am 27. Dezember 1961 in Bad Honnef geboren. Lebt in homosexueller Partnerschaft. Nach Abitur, Studium und Promotion arbeitete er als Rechtsanwalt in Bonn. Seit 1996 gehört er dem Bundestag an. Machtbewusst, setzt die Ellenbogen ein.

Zur Qualifikation: Für das Außenamt völlig unqualifiziert. Westerwelle hat sich in der FDP hochgedient und führt die Partei seit 2001 nahezu unumstritten. Gegen den Dampfplauderer kam einfach keiner an. Guidomobil, die 18 Prozent auf den Schuhsohlen und sein Auftritt im Big-Brother-Container von RTL2 machten ihn zum Politkasper. Den viel besseren, viel seriöseren FDP-Vorsitzenden, Wolfgang Gerhard, hat er rücksichtslos weggemobbt.

Westerwelle ist Lobbyist, die Liste seiner Nebenjobs ist sehr lang. Dass Westerwelle im Falle einer schwarz-gelben Regierung Vizekanzler wird, war bereits vor der Wahl klar. Wie er das Außenressort anstrebt, hat er stets gezeigt. Schon monatelang vor der Wahl trat er nur noch mit aufgesetzter Außenministermiene und staatstragenden Phrasen in die Öffentlichkeit. Merkel wird ihn außenpolitisch zur Randfigur machen.

Zur Beurteilung: Totale Fehlbesetzung. Ihn umweht ein Hauch des Provinziellen, denn er kam in seinem Leben nie weit über Bonn (Wahlkreis) und Berlin (Büroadresse) hinaus.

WIRTSCHAFTSMINISTER

Rainer Brüderle 65 (FDP)

Zur Person: Geboren in Berlin, aufgewachsen in Rheinland-Pfalz. Verheiratet, Studium von Publizistik, Jura, Volkswirtschaft und Politische Wissenschaften. In der FDP galt er schon als tragische Figur. Seit elf Jahren wartet er auf eine Job in der Bundesregierung.

Zur Qualifikation: Diplomvolkswirt. 1983 wurde er erstmals zum Landesvorsitzenden der rheinland-pfälzischen FDP gewählt - zu einem Zeitpunkt, als die Partei noch nicht einmal im Landtag vertreten war. Rainer Brüderle befindet sich seit ewigen Zeiten im Wartestand als Kandidat für das Bundeswirtschaftsministerium. Jetzt, im Rentenalter erhält er endlich seinen Traumjob. Es war seine allerletzte Chance. Als Finanzen an die CDU ging, war der Weg für den leutseligen ehemaligen Wirtschafts- und Landwirtschafts- minister von Rheinland-Pfalz frei. Dort küsste er alle Weinköniginnen. Allgemein gilt der Pfälzer als Sprücheklopfer und Frohnatur.

Kein Minister im neuen schwarz-gelben Kabinett wurde von Journalisten schon so durch den Kakao gezogen wie Brüderle. Er wurde mit "Karl Moik der deutschen Wirtschaftspolitik" und "Windmaschine" betitelt.

Beurteilung: Totale Fehlbesetzung. Im Rentenalter sollte man nicht mehr so hoch hinaus, zumal viele jüngere, qualifizierte Kollegen zur Verfügung stehen.

GESUNDHEITSMINISTER

Philipp Rösler 35 (FDP)

Zur Person: Neben zu Guttenberg und Kristina Köhler einer der neuen Shootingstars im Kabinett. Rösler wurde 1973 in Vietnam geboren und noch im selben Jahr von einer deutschen Familie adoptiert. Er wuchs in Hamburg und Bückeburg auf. Er ist verheiratet und seit einem Jahr Vater von Zwillingsmädchen.

Zur Qualifikation: Von Beruf Arzt. War Wirtschaftsminister in Niedersachsen. Bereits im Jahr 2000 bekam der damals 26jährige seinen ersten wichtigen Posten bei der niedersächsischen FDP, er wurde ehrenamtlicher Generalsekretär der Landespartei. Drei Jahre später führte er die Liberalen mit seinem politischen Ziehvater, dem FDP-Landesvorsitzenden Walter Hirche, zurück in den Landtag und wurde dort Fraktionschef. 2006 übernahm er zusätzlich den Landesvorsitz. Zwei Sätze werden den erst 35-jährigen Senkrechtstarter vermutlich in Zukunft begleiten. Im Interview mit der Süddeutschen Zeitung erklärte Rösler im Februar 2009 definitiv: „Ich werde nie nach Berlin gehen!" Als er 2003 mit der FDP den Einzug in den Landtag in Hannover schaffte, verblüffte der gerade 30-Jährige Freund und Feind gleichermaßen mit der Ankündigung: „Mit 45 Jahren ist Schluss für mich als Politiker!"

Beurteilung: Akzeptable Besetzung. Als Arzt sollte er etwas von Gesundheit verstehen. Ob die vielen Vorschußlorbeeren gerechtfertigt sind, werden wir bald sehen.

JUSTIZMINISTERIN

Sabine Leutheusser-Schnarrenberger 58 (FDP)

Zur Person: Geboren am 26. Juli 1951 in Minden/Westfalen, verwitwet. Studium der Rechtswissenschaften. Pragmatisch, forsch und redeschnell.

Zur Qualifikation: Juristin. Rechtsanwältin. 1992 – 1996 bereits einmal Bundesjustizministerin. Mit ihrem Rücktritt vom Amt nach dem Mitgliederentscheid der FDP zum sog. großen Lauschangriff bewies sie Rückgrat. Respekt! Bei den Koalitionsverhandlungen bewies sie Verhandlungsgeschick und Durchsetzungsvermögen. Ihr politisches Comeback ist bemerkenswert, denn die bayerische Politikerin zählt weder zu den politischen Freunden Westerwelles, noch gehört sie einer der traditionell starken FDP-Bastionen an. Sie kommt aus dem bayerischen Landesverband, der bis vor kurzem von Niederlagen gebeutelt war. Unter ihrer Führung hat sich das verbessert. Seit 2008 ist die bayerische FDP in München Regierungspartei.

In den Koalitionsverhandlungen bewies sie Sachkunde und Erfahrung. Ihre Parteifreunde, vor allem Baum und Hirsch, werden dennoch kritisch prüfen, ob sie in Sachen Bürgerrechte punktet, ein wichtiges Thema der FDP im Wahlkampf. Die neue Bundesjustizministerin will weitere Gesetzesänderungen für den Schutz der Privatsphäre durchsetzen.

Zur Beurteilung: Gute Besetzung. Ministerin mit Rückgrat. Sie kann auf ihre Erfahrung im Amt zurückgreifen.

ENTWICKLUNGSMINISTER

Dirk Niebel 46 (FDP)

Zur Person: Verheiratet, drei Söhne. Hauptmann der Reserve. „Parteisoldat und Kellner" (Der Tagesspiegel). Hat erheblichen Anteil am Wahlerfolg der FDP. Obwohl man bei einem so polternden, provozierenden, extrovertierten Parteivorsitzenden eigentlich keinen Generalsekretär brauchte, war Niebel der am längsten amtierende Generalsekretär der FDP.

Zur Qualifikation: Verwaltungswirt. Seine Berufung ins Kabinett ist ein Dankeschön von Parteichef Westerwelle für seinen Einsatz im Wahlkampf. Der Spiegel nennt Niebel „Guidos Großmaul". In Fragen internationaler Entwicklungshilfe ist er ohne Erfahrung. Doch als die Personalie Niebel in der Bundespressekonferenz bekannt gegeben wurde, brachen die Journalisten in Gelächter aus. Denn Niebel hatte vor der Wahl gefordert, dieses Ministerium abzuschaffen und ins Außenministerium zu integrieren. Glaubwürdigkeit sieht anders aus. Dies beurteilt die Süddeutsche Zeitung zutreffend: „Das ist ein Akt der Politikverachtung durch die Politik." Bananenrepublik Deutschland. Jetzt wird das Wort von der Umfallerpartei FDP wieder aktuell, denn hier herrscht pure Verlogenheit.

Zur Beurteilung: Totale Fehlbesetzung. Hat überhaupt keine Ahnung von Entwicklungshilfepolitik. Durch seine Forderung vor der Wahl, dieses Ministerium abzuschaffen, wird er immer unglaubwürdig bleiben.

VERTEIDIGUNGSMINISTER

Karl-Theodor zu Guttenberg (38) CSU

Zur Person: Katholisch, verheiratet, 2 Kinder, 10 Vornamen. Ist auf einem Schloss aufgewachsen. Hat eine Frau geheiratet, die wie ein Model aussieht und aus dem Hause Bismarck stammt. Zu Guttenberg kann der Wählerschaft wahrscheinlich sogar den Krieg in Afghanistan schmackhaft machen.

Zur Qualifikation: Studium der Rechts- und Politikwissenschaften. Doktortitel mit Bestnote, jüngster Wirtschaftsminister aller Zeiten, Shootingstar der CSU, AC/DC-Fan. Hat in seinem Leben offenbar nicht viel falsch gemacht. Unteroffizier der Reserve, war bei den Gebirgsjägern. Hat sich politisch bereits außenpolitisch orientiert. Mit Guttenberg hat die CSU einen Star. Und Merkels Kabinett Glamour. In seinem jetzigen Amt kann er sich zwar als eine Art Nebenaußenminister entwickeln – dazu bieten die vielen weltweiten Sicherheitskonferenzen eine Bühne – doch das Aktionsfeld ist begrenzt. Im Hintergrund waren Merkel und Seehofer bemüht, für Guttenberg ein Amt zu finden, in dem er nicht zu sehr glänzen konnte. Beide sehen in ihm eine Konkurrenz beim Kampf um die Macht.

Zur Beurteilung: Gute Besetzung. Hat politisch Außenpolitik gelernt, das kann im neuen Amt nicht schaden. Tritt ein sehr problematisches Erbe an. Sein Vorgänger Franz-Josef Jung, ein Totalversager, hat alles vermurkst.

VERKEHRSMINISTER

Peter Ramsauer (55) CSU

Zur Person: Von Freunden wird er "Ramses" gerufen, galt lange als schönster Mann im Bundestag. Diesen Titel dürften jetzt aber CSU-Parteikollege Karl-Theodor zu Guttenberg und Philipp Rösler (FDP) unter sich ausmachen.

Zur Qualifikation: Gelernter Müller und studierter Kaufmann. CSU-Chef Seehofer fühlte sich von "Ramses" nicht genügend unterstützt - und lobte ihn weg. Inszenieren, Wahlkämpfen und Strippen ziehen beherrscht Ramsauer perfekt doch mit Verkehrspolitik hat er sich bisher wenig befasst. Er bekam das Amt, weil ihn CSU-Chef Horst Seehofer unbedingt von der Spitze der Landesgruppe verdrängen wollte, denn dort hat Ramsauer mehr Anhänger als Seehofer. Es blieb also nur das Wegloben.

Seine Gegner befürchten in den nächsten vier Jahren eine nahtlose Fortsetzung der "autofixierten Verkehrspolitik". Die Gewerkschaft Transport, Service, Netze (TRANSNET) zeigte sich von der Personalie Ramsauer enttäuscht. Eine nachhaltige, ökologische, klimafreundliche Verkehrspolitik sei offenbar nicht mehr gewünscht. Die neue Koalition mache eine Rolle rückwärts. Der Straßenverkehr würde weiter aufgepäppelt, die Schiene würde weiter benachteiligt.

Beurteilung: Fehlbesetzung. War seit 2005 Chef der CSU-Landesgruppe. Das wollte er eigentlich auch bleiben, weil dieser Job einflussreicher ist als ein Ministeramt.

LANDWIRTSCHAFTSMINISTERIN

Ilse Aigner (44) CSU

Zur Person: Single, jung, weiblich, gutes Image. Hat drei ältere Schwestern. Sie ersetzte Seehofer im Amt. Fährt gern Inlineskates. Ihr Lieblingsschauspieler ist Gustl Bayrhammer. Will ihre bisherige Politik konsequent fortsetzen. Wörtlich verspricht sie: "Ich werde mich mit ganzer Kraft dafür einsetzen den Landwirten Perspektiven und Zukunftsfähigkeit zu geben, in der Ernährungspolitik neue Akzente zu setzen und die Rechte der Verbraucherinnen und Verbraucher weiter zu stärken."

Zur Qualifikation: Mittlere Reife, gelernte Radio- und Fernsehtechnikerin, kam 1998 für die CSU in den Bundestag. Ob Ilse Aigner die Ankündigungen der CSU im Wahlkampf zur Landwirtschaftspolitik umsetzen kann, darf bezweifelt werden. Versprochen wurden gentechnikfreie Regionen und für die Milchbauern ein neues Mengensteuerungssystem. Im Koalitionsvertrag findet sich dazu nichts. Vereinbart wurde darin eine Umschichtung im EU-Haushalt hin zu Verkehr, Bildung, Forschung und Sicherheit. Das bedeutet weniger EU-Mittel für die Landwirtschaft. Umweltverbände kritisieren den Entwurf des Koalitionsvertrages. Die Interessen von Konzernen werden eindeutig über den Schutz von Umwelt und Menschen gestellt, so Greenpeace.

Zur Beurteilung: Akzeptable Besetzung. Interessent wird, wie sie mit der Industrie-Lobby und der EU-Bürokratie umgehen wird.

EU- Kommissar Günther Oettinger 56 (CDU)
Ein Mann der dritten Wahl

Zur Person: Kühler Technokrat. Spröde, unkommunikativ, verklemmt. EU-Kompetenz nicht im Ansatz erkennbar. Während andere Länder Schwergewichte mit langjähriger Europa-Erfahrung stellen, schickt die deutsche Kanzlerin einen Nobody.

Zur Qualifikation: Jurist. Rechtsanwalt. In der neuen Bundesregierung ist die CDU Baden-Württemberg mit Schavan, CDU/CSU-Fraktionschef Volker Kauder und Finanzminister Wolfgang Schäuble schon so überproportional vertreten, dass Oettinger schon allein deshalb nicht EU-Kommissar hätte werden dürfen. Oettinger sollte aber auch nicht mehr Ministerpräsident bleiben, um die Wahlchancen der Union im Ländle nicht zu gefährden. Seine Parteifreunde arbeiteten schon an Plänen, ihn an einer neuen Kandidatur zu hindern. Der Schwabe ist für den Posten des deutschen EU-Kommissars nur die dritte Wahl von Kanzlerin Angela Merkel gewesen und dazu völlig ungeeignet. Die Funktion des Energiekommissars Oettinger ist zweitrangig, zumal das Amt zurechtgestutzt wurde. Für den Klimaschutz gibt es künftig einen eigenen Kommissar. Blamage für Oettinger. Blamage für Merkel.

Zur Beurteilung: Totale Fehlbesetzung. Oettinger ist politische Regionalliga. Hier findet die Entsorgung eines abgehalfterten Landesvaters statt. Er gilt als „sprachbehindert", weil er ein Schwäbisch spricht, das außer Schwaben niemand versteht. Fremdsprachenkenntnisse mangelhaft.

Sie gingen leer aus – Eine Liste der Enttäuschten

Zahlreiche Politiker standen schon in den Starlöchern. Sie wurden als neue Minister gehandelt, doch sie gingen leer aus. Regional- und Parteienproporz sowie persönliche Erwägungen der Parteichefs waren entscheidend. Nun bleiben sie, was sie sind oder bekommen Pöstchen in der zweiten Reihe.

Hermann-Otto Solms (FDP)

... wollte Finanzminister werden. Mit 68 Jahren kaum mehr vermittelbar. Er bleibt Bundestags-Vizepräsident.

Silvana Koch-Mehrin (FDP)

... wollte Familienministerin werden. Sie ist zwar die attraktivste FDP-Politikerin, doch sie bleibt in der Europapolitik

Katherina Reiche (CDU)

... wollte Familienministerin werden. Es gab aber zu viele andere Kandidaten. Sie wird Staatssekretärin unter dem neuen Bundesumweltminister Norbert Röttgen.

Roland Koch (CDU)

... sollte Finanzminister werden. War auch als EU-Kommissar im Gespräch. Er winkte aber früh ab, weil er Ministerpräsident in Hessen bleiben will.

Maria Böhmer (CDU)

... wollte Familienministerin werden. Noch eine. Sie bleibt, was sie ist: Migrationsbeauftragte.

Cornelia Pieper (FDP)

... wollte Bildungsministerin werden. Sie wird immerhin Staatsministerin im Auswärtigen Amt.

Karl-Josef Laumann (CDU)

... wollte Arbeitsminister werden. Er schien prädestiniert für das Ressort. Aber Merkel mag ihn nicht. Er bleibt Arbeitsminister in Nordrhein-Westfalen

Tanja Goenner (CDU)

... wollte Umweltministerin werden. Doch Baden-Württemberg ist im Kabinett schon zu stark vertreten. Sie bleibt Umweltministerin in Stuttgart.

Markus Söder (CSU)

... wollte Umweltminister werden. Doch er spielt nur Regionalliga und bleibt bayerischer Umweltminister.

Peter Hintze (CDU)

... wollte EU-Kommissar werden. Wäre eine noch größere Lachnummer als Parteifreund Oettinger. Sollte als Staatsminister ins Kanzleramt wechseln. Dies wurde in letzter Minute verhindert. Nun darf er Staatssekretär im Bundeswirtschaftsministerium bleiben.

Dort wird er wieder viel Murks, viele Sprechblasen und viel Unfug produzieren.

Armin Laschet (CDU)

... wollte Integrationsminister werden. Der erste und einzige deutscher Integrationsminister wollte sein Amt bundesweit ausüben. Jetzt bleibt er dies in Nordrhein-Westfalen.

Josef Hecken (CDU)

... wollte Gesundheitsminister werden. Doch der Wunschtraum bleibt Illusion. Er bleibt Chef des Bundesversicherungsamtes.

Schlusswort

Die schreckliche Politikverdrossenheit in Deutschland sollte nicht dazu führen, den Wahlen fernzubleiben. Klar, die Parteien grenzen sich kaum noch von einander ab. Der Wähler kann nur nach den kleinen Unterschieden suchen und muss dann seine Wahlentscheidung treffen. Er kann nur zwischen der einen und der anderen Lüge wählen, zwischen dem einen falschen Wahlversprechen und dem anderen.

Angela Merkel hat sich mit dem Geld der Steuerzahler über den Wahltermin hinweggekauft. Das war schlicht Betrug. „Unsummen wurden für Kurzarbeiter, Abwrackprämie, Opel-Rettung, Banken- und Firmenstütze eingesetzt. Nun kommt die Wahrheit über das Krisendesaster ans Licht und die Deutschen werden sich die Augen reiben."[268] Der weltweit renommierte Ökonom Richard Freeman erwartet 2010 in Deutschland eine wachsende soziale Ungleichheit. Er fürchtet, „dass Arbeiter und Arbeitslose die Rechnung zahlen müssen, für das, was passiert ist."[269] Die Rente im Umlageverfahren ist nicht zu retten, sie wird zusammenbrechen. „Wer 45 Jahre treu einzahlt, hat in Zukunft eine Rente auf Sozialhilfeniveau zu erwarten."[270] Dazu fehlt uns gerade noch die dumme, diskriminierende Phrase von Alt-Bundespräsident Roman Herzug, der eine „Rentnerdemokratie" fürchtet, in der „die Älteren die

---

[268] „Kein Geld, aber glücklich", in: stern 41/2009, S. 38.
[269] „Ökonom Freeman rechnet mit mehr sozialer Ungleichheit", AFP, 11.10.2009.
[270] Klöckner, Bernd W.: „Schafft diese Rente ab!", in: Welt am Sonntag vom 11. November 2007.

Jüngeren ausplündern". 64 Prozent der Bundesbürger lehnen eine solche Haltung ab.[271]

Die rund 20 Millionen Rentner in Deutschland müssen sich 2010 auf eine Nullrunde einstellen. Denn aufgrund der ausufernden Kurzarbeit dürfte die für die Rentenberechnung maßgebliche Lohnsumme zurückgehen. Die kürzlich beschlossene Schutzklausel gegen eine Rentenkürzung verbietet inzwischen Abschläge bei der Rente, d.h. die Rentner haben Nullrunden zu erwarten. Dem Kollaps der gesetzlichen Rente folgt der Kollaps der Pflege- und Krankenversicherung. Auch die Experten der Europäischen Union sind höchst beunruhigt und fürchten aufgrund der steigenden Arbeitslosigkeit in Deutschland dramatische Folgen für die Sozialversicherung.[272]

Die Deutschen leben über ihre Verhältnisse. Dies betrifft die Bürger, die Wirtschaft, die Regierung. Das Kartenhaus wird zusammenbrechen. Union und FDP sollten deshalb eine neue Bescheidenheit an den Tag legen. Ein „elftes Gebot" könnte lauten: „Du sollst nicht über deine Verhältnisse leben!"[273] Dazu passt, dass Arbeitnehmer in Deutschland mit Tarifurlaub und gesetzlichen Feiertagen im Schnitt 40,5 Tage bezahlte Auszeit von der Arbeit haben. Das ist Spitze in Europa. Errechnet wird dies aus dem gesetzlichen Urlaubsanspruch in Deutschland (20 Tagen), aber in

---

[271] Umfrage von Infratest Dimap, zit. nach „Bericht aus Berlin" (ARD), 20.04.2008.
[272] „Brüssel fürchtet Kollaps der Sozialsysteme", www.wirtschaft.t-online.de 01.10.2009.
[273] Haub, Karl-Erivan W.: „Ein elftes Gebot: Du sollst nicht über deine Verhältnisse leben!", in: Cicero 8/2009, S. 92f.

fast allen Branchen sind 30 Urlaubstage üblich. Hinzu kommen im Durchschnitt 10,5 Feiertage.

Sprengstoff bietet also speziell die Sozialpolitik. Schon jetzt arbeiten 6,5 Millionen Deutsche für Hungerlöhne, viele davon sind hoch qualifiziert. Fünf Millionen Menschen sind arbeitslos. Jedes sechste deutsche Kind lebt in Armut. Was die neue schwarz-gelbe Bundesregierung dem entgegenzusetzen hat, ist keine Antwort an die Zukunft. Die Deutschen besitzen knapp 7 Billionen Euro. Trotzdem tappt das Land in die Armutsfalle. Ein Prozent der Deutschen verfügt über rund ein Viertel des gesamten Privatvermögens, die reichsten zehn Prozent über etwa 61 Prozent. 70 Prozent der Deutschen – also die wenigen Wohlhabenden – verfügen über knapp neun Prozent des Gesamtvermögens. Jeder Vierte hat absolut kein Vermögen oder ist verschuldet.[274]

Die Lösung kann nur ein bedingungsloses, garantiertes Grundeinkommen sein[275], das von vielen Seiten mit dem Argument, es sei nicht finanzierbar, abgelehnt wird. Doch es ist finanzierbar[276] und die ersten Politiker greifen diese Konzeption auf. Ex-Ministerpräsident Althaus von Thüringen ist beispielsweise ein Befürworter dieses Paradigmenwechsels in der Sozialpolitik. Mit der Einführung eines garantierten Grundeinkommens würden ganze Behörden überflüssig, jegliche Diskussion über Hartz IV, Sozialhilfe, Mindestlohn und Grundsicherung wären mit einem

---

[274] Ergebnis eine Studie im Auftrag der Hans-Böckler-Stiftung, vgl. „Deutschland tappt in die Armutsfalle", in: www.t-online.de vom 21.01.2009
[275] Werner, Götz. W.: „Einkommen für alle", Köln 2007.
[276] ebd.

Schlag beendet. Der Präsident des Hamburger Wirtschafts-forschungsinstitutes HWWI, Prof. Thomas Straubhaar, hat die finanzielle Belastung einer solchen Politik mit knapp 600 Milliarden Euro im Jahr errechnet. Nach seinem Modell würde jeder, also alle 80 Millionen Bundesbürger, diese staatliche Grundsicherung erhalten, vom Säugling bis zum Greis, die an keine Bedingung geknüpft wäre. Kombilohn-Modelle oder Mindestlöhne wären dann obsolet. [277] Das zu diesem Vorschlag von den Politikern der sozialen Kälte immer gern vorgeschobene Argument, diese Summe sei nicht finanzierbar, hält Straubhaar entgegen: „600 Milliarden sind nicht viel mehr als das, was der Staat heute schon an sozialen Transfers leistet."[278] Jeder Euro, der dann zusätzlich verdient wird, würde gleich an der Quelle mit einem festen Steuersatz abgeführt, etwa 25 Prozent. Es wären keine Steuererklärungen mehr nötig und es gäbe auch keine Freibeträge mehr. Je nachdem, ob man dann einem Maximal- oder Minimalprinzip folgt, müsste allerdings auch die Mehrwertsteuer angehoben werden.[279] Prof. Straubhaar: „Das Modell ist visionär, aber nicht utopisch."[280] Den weltfremden Gegnern dieses Modells in der Politik, die demagogisch dagegen argumentieren, kann ins Stammbuch geschrieben werden: Mehrere Studien weisen nach, dass ein Grundeinkommen machbar und finanzierbar ist. Professor Straubhaar hat mit seiner Kollegin Ingrid Hohenleitner errechnet, dass bei seinem Modell sogar ein Plus von über 100 Milliarden Euro für die öffentlichen Haushalte möglich ist.

---

[277] vgl. Thomas Straubhaar im Interview: „Staatliche Grundsicherung muss Rente ersetzen", in: www.berlinonline.de vom 14.06.2008
[278] ebd.
[279] vgl. ebd.
[280] ebd.

Auch der Sachverständigenrat erklärte das Konzept für umsetzbar und finanzierbar. „Ein Grundeinkommen verhindert, dass soziale Ängste geschürt werden. Demagogen haben wenig Chance, wenn jeder weiß, dass niemand unter das soziokulturelle Existenzminimum fällt."[281]

Die Gegner des Grundeinkommens sollten endlich zur Kenntnis nehmen: Die Rücklagen der Arbeitslosenversicherung schmelzen wie Eis in der Sonne. Aufgrund der steigenden Arbeitslosigkeit finanzieren immer weniger Beitragszahler immer mehr Leistungsempfänger. Zudem müssen Milliardenausgaben für Millionen Kurzarbeiter aufgewendet werden, die andernfalls längst auf der Straße stünden.

Doch die weltfremden Politiker wollen diese Chance einer durchschlagenden Sozialpolitik einfach nicht erkennen. Keine Partei hat den Mut, diese Forderung konkret in ihr Programm zu schreiben. Die Politik besteht nur noch aus Feiglingen. Richard David Precht bringt es auf den Punkt: „Wir alle wissen, dass wir einen Umbau der Arbeitsgesellschaft brauchen und eine Entkoppelung der sozialen Sicherungssysteme vom Faktor Arbeit. Wir alle denken über ein Grundeinkommen und Bürgergeld nach, aber keine Partei traut sich, das vorzuschlagen."[282] Und er konkretisiert: „Wir wissen, dass immer mehr Leute Geld aus den sozialen Sicherungssystemen beziehen und immer weniger in sie

---

[281] Althaus, Dieter: Grundeinkommen für alle? Eine machbare Revolution", in: Welt am Sonntag vom 25. November 2007, S. 15.
[282] „Schafft die Parteien ab!", Ein Gespräch mit Richard David Precht, in: Cicero 7/2009, S. 119

einzahlen werden. Ein Umbau des Systems ist daher unausweichlich. Doch niemand geht an das Thema heran. Wir führen stattdessen Schönheitsoparationen an einem Krebspatienten durch."[283]

In der ehemaligen deutschen Kolonie Namibia wurde das bedingungslose Grundeinkommen regional ausprobiert. Eine Gemeinschaft aus Hilfsorganisationen, darunter die Friedrich-Ebert-Stiftung, evangelische Kirchen und Aids-Stiftungen, hat den Beweis angetreten, dass es funktioniert. Den Menschen in Otjivero, 100 Kilometer östlich von Windhuk, wurden monatlich 100 Namibia-Dollar (ca. 10 Euro) im Monat ausgezahlt, das BIG (Basic Income Grand), ohne Auflagen, ohne Gegenleistung, einfach so. Für eine Frau mit sieben Kindern bedeutet das ein Monatseinkommen von 800 Namibia-Dollar.[284]

Wo bisher Alkoholismus, Kriminalität, Prostitution, Aids, Wilderei und eine Arbeitslosigkeitsquote von 70 Prozent herrschte, tat sich erstaunliches. Besonders die Frauen entwickelten Ideen und Geschäftssinn. Die eine kauft Mehl und betreibt eine gut gehende Bäckerei, die andere kauft Samen und baut Mais an, die dritte züchtet und verkauft Hühner, die vierte baut Gemüse an, die fünfte eröffnet eine Schneiderei. Ein Mann kauft Zement und backt daraus Ziegelsteine. Die Gewinne werden reinvestiert, das Schulgeld für die Kinder kann nun entrichtet werden, auf einmal haben sie Schuhe an und tragen ein neues T-Shirt. Die Häuser können

---

[283] ebd.
[284] vgl. „Im Dorf der Zukunft", in: DER SPIEGEL 33/2009, S. 48 ff.

repariert oder erweitert werden. Die Erfolge sind beeindruckend. Die Kriminalstatistik der Polizei zeigt einen deutlichen Rückgang. Der Fortschritt kam nach Otjivero, das Lieblingsprojekt von Bischof Kameeta. Das Sensationelle: Schon drei Prozent des Bruttoinlandproduktes würden ausreichen, um für ganz Namibia ein Grundeinkommen zu sichern, dies entspricht 115 Millionen Euro.[285] Das sind Peanuts. Warum können sich die Regierungen dort und anderswo in der Welt nicht zu einer solchen Sozialpolitik durchringen?

Der Vater des amerikanischen Wirtschaftswunders, Professor Arthur Laffer, forderte schon 1997 Steuersenkungen auf allen Ebenen und hatte für die Deutschen einen guten Rat: „Reichtum ist wundervoll, Armut entsetzlich. Machen Sie die Armen reich, nicht umgekehrt."[286] In der Volkswirtschaft findet die Theorie Laffers (Laffer-Kurve) zwar nur verminderten Anklang, doch würde es zu weit führen, diese hier in den Einzelheiten zu analysieren.

Der Verband der Insolvenzverwalter rechnet 2010 mit mindestens 35 000 zahlungsunfähige Unternehmen in Deutschland. Die Gerichtsvollzieher tauchen immer öfter bei Mittelständlern auf. Die Bundesregierung selbst rechnet in ihrer jüngsten Prognose zur Lohnentwicklung im laufenden Jahr mit einem Rückgang der Einkommen. Pro 100.000 neuer Arbeitslose wird die Regierung in Deutschland etwa 1,7 Milliarden Euro pro Jahr bereitstellen müssen.

---

[285] vgl. ebd.
[286] „Machen Sie die Armen reich", a.a.O.

Diese Entwicklung schreit nach einer Lösung nach dem Modell Götz Werner bzw. Thomas Straubhaar.

Der Stern fragt: „Ab wann wird denn jetzt schwarz-gelb regiert? Wenigstens irgendwie regiert, das Wörtchen durchregieren wagt man bereits nicht mehr zu gebrauchen. Vor der Wahl war allenthalben groß die Rede von überfälliger Belebung des Wachstums. Von Steuersenkungen, von energischen Anstrengungen zur Sanierung des Staatshaushalts. Und jetzt wird rundum geeiert."[287]

Die Kanzlerin fragt längst nicht mehr, was im Koalitionsvertrag steht. Ihre neue finanzpolitische Geheimwaffe Schäuble will erst Mitte 2010 daran erinnert werden. Die versprochenen Reformen im Kampf gegen Wirtschafts- und Finanzkrise sind längst Makulatur. Die Devise lautet: Blos keine klare Linie erkennen lassen, sich ja nicht so festlegen.

Dabei begleitet die Lüge schon jetzt jedes schwarz-gelbe Regierungshandeln. Es wird erst einmal nicht gehandelt, man wartet, um bei der Landtagswahl in Nordrhein-Westfalen keine Wähler zu vergraulen, denn die Bundesratsmehrheit ist in Gefahr. 2011 sind Landtagswahlen in Baden-Württemberg. Und so geht es weiter.[288] Das sind schöne schwarz-gelbe Aussichten.

---

[287] Schütz, Peter: „Ohne klaren Kurs", in: www.stern.de vom 29.10.2009
[288] vgl. ebd.

Der Betrug ist ganz offensichtlich: „Eine Hand spendiert, die andere Hand nimmt."[289] Schon jetzt ist offensichtlich, dass die politischen Akteure im Bundestag sich mit Steuersenkungen rühmen wollen, für die Länder, Städte und Kommunen dann bei den Bürgern den Kopf hinhalten müssen. In den Regionen wurde das bereits erkannt. Wenn dann das Geld nicht mehr für Kindergärten, Polizei, Schulen und Straßenbau reicht, wird das gesamte öffentliche Auftragswesen blockiert. Die Pleite der Stadtkassen wäre die Folge. Hinzu kommt das Rentendilemma: Bis 2016 können die 20 Millionen deutschen Rentner mit keiner Rentenerhöhung mehr rechen. Lauter Nullrunden sind angesagt.[290]

Nun wird Deutschland per Harakiri regiert und zwar von einer perspektivlosen, kalten, kinderlosen evangelischen Pfarrerstochter, einem bekennenden Homosexuellen sowie einem affärenbelasteten Rentner, der nichts mehr zu verlieren hat. Dieses Trio Infernale ist umgeben von nichtsnutzigen Vasallen und Günstlingen. „Na dann regiert mal schön!"[291]

---

[289] ebd.
[290] Hoeren, Dirk: „Mager-Rente bis 2016", in: www.bild.de vom 11.11.2009
[291] Frei nach Theodor Heuss (Bundespräsident von 1949 bis 1959).

Literaturverzeichnis

Bücher

Arnim, Hans Herbert von, Die Deutschlandakte, München 2008

Darnstädt, Thomas: Der globale Polizeistaat, München 2009

Illner, Maybritt und Schumacher, Hajo (Hrsg.): Schmierfinken, Politiker über Journalisten, München 2009

Jürgs, Michael: „Warum wir hemmungslos verblöden,
München 2009

Kuhn, Oliber und Moses, Michaela: Deutschland Deppenland, Wie doof die Deutschen wirklich sind, München 2009

Otte, Max: Der Crash kommt, Die neue Weltwirtschaftskrise und wie Sie sich darauf vorbereiten, Berlin 2006

Roth, Jürgen – Nübel, Rainer – Fromm, Rainer: Anklage unerwünscht, Korruption und Willkür in der deutschen Justiz, Frankfurt am Main / München 2008

Schlötterer, Wilhelm: „Macht und Missbrauch", Köln 2009

Steingart, Gabor: Die gestohlene Demokratie, München 2009

Werner, Götz W.: Einkommen für alle, Köln 2007

Wieczorek, Thomas: Die Dilettanten, Wie unfähig unsere Politiker sind, München 2009

Wieczorek, Thomas: Die verblödete Republik, Wie uns Medien, Wirtschaft und Politik für dumm verkaufen, München 2009

Zeitungen

Berliner Zeitung

Bild

Bild am Sonntag

Financial Times Deutschland

Frankfurter Allgemeine Zeitung

Frankfurter Allgemeine Zeitung am Sonntag

Frankfurter Rundschau

Hamburger Abendblatt

Sun

Der Tagesspiegel

taz – Die Tageszeitung

Die Welt

Welt am Sonntag

Die Zeit

Magazine

Air Berlin Magazin

Cicero

Focus

Der Spiegel

Stern

Internetquellen

www.anwaltszentrale.de

www.antibuerokratieteam.net

www.bild.de

www.focus.de

www.kanzleikompa.de

www.koerperwelten.de

www.spiegel.de

www.stern.de

www.t-online.de

www.zapp-consulting.de

www.zeit.de

TV-Sendungen

Frontal 21 – ZDF

Plusminus – (Das Erste)

ZDF-Politbarometer

ZDF-Spezial „Deutschland hat gewählt!

Sonstige Quellen

Bund der Steuerzahler, „Die öffentliche Verschwendung",
Oktober 2009

dpa – Deutsche Presse Agentur

Stat. Bundesamt